野营
手册

野营手册

[英国] 埃德·道格拉斯 著
[英国] 凯特·道格拉斯

苏·休斯提供菜谱

孟艳梅 译

北京·旅游教育出版社

LONDON, NEW YORK, MUNICH,
MELBOURNE, DELHI

Original Title: The Camping Book
Copyright © 2009 Dorling Kindersley Limited

北京市版权局著作权合同登记图字：01-2014-5866

策　　划：丁海秀　李荣强
责任编辑：张　毅

图书在版编目（CIP）数据

野营手册 /（英）道格拉斯等著；孟艳梅译. —北京：旅游教育出版社, 2015.4
ISBN 978-7-5637-3132-9

Ⅰ. ①野… Ⅱ. ①道… ②孟… Ⅲ. ①野营（军事体育）—手册 Ⅳ. ①G873-62

中国版本图书馆CIP数据核字（2015）第032226号

野营手册

[英国] 埃德·道格拉斯　[英国] 凯特·道格拉斯　著
孟艳梅　译

出版单位：	北京旅游教育出版社
地　　址：	北京市朝阳区定福庄南里1号
邮　　编：	100024
发行电话：	（010）65778403 65728372
	65767462（传真）
本社网址：	www.tepcb.com
E-mail：	tepfx@163.com
排版单位：	北京旅教文化传播有限公司
印刷单位：	北京华联印刷有限公司
经销单位：	新华书店
开　　本：	880毫米×1230毫米　1/32
印　　张：	6
字　　数：	71千字
版　　次：	2015年4月第1版
印　　次：	2015年4月第1次印刷
定　　价：	49.00元

（图书如有装订差错请与发行部联系）

目录

写在前面 6

我们去哪儿 8
装备攻略 30
搭帐篷的学问 64
营地维护 90
野营厨房 126
野餐菜谱 134

参考资源 188

鸣谢 190

写在前面

曾几何时,野营就是人类的生活方式。我们在林间山下找寻食物,啜饮清冽的溪水,夜晚或在星光下入睡,或躺进极简陋的茅棚、岩洞。我们就这样度过了人类历史的绝大部分时间。现如今,人们提起在野外生存常常会担心这、担心那;殊不知,生起篝火时,我们不过是在重复无数祖先曾经熟练掌握的技巧罢了。

当然这并不是说,我们希望这本书的读者去体验祖先的渔猎生活。我们只是告诉大家,野营及其相关的一切都会使人愉悦充盈。以我们自己的家庭为例,野营使家人之间更加亲密。有了新技术和科学知识的帮助,野营的档次也日渐提高,奢华也好,简朴也罢,总而言之,随君所欲。

野营的意义并不仅仅是搭个帐篷在里面住一晚。它代表着一种慢生活方式,让你可以摆脱现代化社会的束缚,去重新感受身边真实的世界。它可以为你的茶香增添清新的晨风,让你与沙滩上拍打的海浪共眠,将昏黄的路灯换成久违的银河。

与我们儿时相比,野营的概念已发生不小的变化。帐篷变得更加方便易用,睡垫更加舒适,各种各样的小工具令野营变得如此简单。但这一切都赶不上自驾车风潮给野营带来的改变。有了车,我们可以身随心动;行路的便捷与廉价让每个人都可以享受,只要天气预报合意,逃离大都市的喧嚣与紧张只在瞬间。就算天气不好又怎样——蜷缩在睡袋里,听着雨点淅淅沥沥地敲打帐篷,不也是很惬意的吗?

我们去哪儿

是去规划完备的宿营地、豪华的蒙古包,还是空无一人的沙滩——去哪儿,这问题只有你自己才能给出正确答案。你的性格、喜好,你对野营的计划,决定了如何选择出行的装备与目的地。

出行目的

这是你应该问自己的第一个问题：你心中所想的野营是个什么样子？仅仅是为家人寻找一个物美价廉的假日，还是希望抛开一切，去追随远山的呼唤？确定了出行目的，才能知道哪里最适合你，该带些什么样的装备。所以，在你思考细节之前，请先回答以下问题吧。

参考问题：

⛺ **你是否想逃离身边的一切？** ——如果你希望直接拥抱大自然，最好选择真正的野游。

⛺ **什么样的宿营环境最适合你？** ——设施齐全的宿营地可提供淋浴、商店、儿童游乐场甚至游泳池。这类地方往往人很多。有些设施少的宿营地管理也很规范，设有专门的淋浴间，每个可搭帐篷的空地都有编号；另一些宿营地则仅仅是一块开辟出来的空场。你可以随便把帐篷搭在自己喜欢的任何地方。

⛺ **你希望什么季节出行？** ——仅仅在夏天，还是春夏秋三季？这会影响到你需要买什么样的帐篷，以及睡袋的规格。

⛺ **一个帐篷里住多少人？** 大人还是孩子？他们需要彼此分开的空间吗？如果有小孩子随行，是否希望和大人睡在一起？

▲ **你需要轻装吗？**——如果你不打算开车，又需要在不同的宿营地间跋涉，那你就得准备最小巧轻便的装备，并且尽量淘汰掉不常用的种类。有些单人帐篷的重量还不足1.5公斤，类似的装备可以轻易放入背包，大大增加旅行的乐趣。

▲ **你准备开车出行吗？**——如果只开一辆车，车里的空间要足够搭上所有同去的人，再加上带的行李。并不是说车小就一定不行，但必须事先做好打算。

▲ **怎么吃饭？** 打算围着篝火烧烤？还是去餐厅和咖啡馆？——你可以以帐篷为起点，建立起一套完整的野外生活模式。很多野营者都说这样省下来的钱可以用在刀刃上，让假期生活更加多彩。不过这样的话你至少要带一个炉子，哪怕只是为了早上沏杯茶。

▲ **你真的适应野外生活吗？**——如果你用惯了家里的某些器具，可以带上它们。在选择宿营地时也要考虑到你和随行的人是否能够适应。野外生存专家不是一蹴而就的。

准备出发！

没有准备的假期一定会让你手忙脚乱。尤其是野营，你相当于把旅店背在了身上，那就更需要良好的计划。

出发前的准备：

⛺ **为所有要带的物品列清单**。这是个一劳永逸的工作。野营需要的物品五花八门，难保你不会忘掉其中一两件。

⛺ **试用一下要带的物品**。如果你以前没有野营过，直接一头扎进山里两个星期是不会有好结果的。你可以先尝试周末短距离出行一次，或者如果家里有孩子，在后院中模拟一下也可以。

⛺ **考虑孩子的安全**。孩子在外出野营时会遇到各种新的危险，需要大人帮助指点才能避免。出发前，你应该与孩子商量好在外面遇到问题时如何应对，以便孩子在遇到诸如找不到帐篷等问题时不至于惊惶无措。一定要对孩子强调，未经大人允许不要尝试野外的食物；大人不在的情况下要远离水源（不管水有多么浅）。

⛺ **了解当地的管理要求**。世界各地的很多国家公园都对野营有不同规定，包括哪些场所不得搭帐篷，有时候还会限制进入景区的人数。某些国家禁止人们在野外宿营。这些规定都要事先了解清楚。

▲ **了解宿营地的情况。**有互联网的帮助，让事先了解宿营地的规模、种类和设施情况变得非常简单了。

▲ **预订。**你可以先预订头一两夜，这样当你到达宿营地后如果发现不合意，还可以考虑更换。一定要提前给宿营地打电话联系好。

▲ **弄清楚是否允许点篝火。**夜色中明亮的篝火是很多人美好的童年回忆之一。如果你想再现那温暖的场景，一定要选择允许燃篝火的宿营地。有些宿营地禁止在露地燃篝火，但可以使用火盆或火坑。

▲ **了解是否允许带狗。**这个问题也要事先向宿营地的管理方问清楚。随时清理狗的粪便。有些地方会要求给狗拴绳。狗的注册证明也要准备好，注意不要过期。

▲ **带一张好用的地图，以便了解宿营地周边的情况。**如果你想步行，应该带一张标有等高线的地形图。

▲ **看好天气预报。**如果确有恶劣天气，就需要改变出行计划。如果要去的宿营地以前没有去过，尽量不要在天黑后才到。白天搭帐篷要容易得多。

自驾出行

有了车,就可以把野营所需的所有设备统统塞进去。这样的便利是绝大多数人都难以抗拒的。如果你愿意,甚至可以带上一些大型厨具,至少也可以带上锅碗瓢盆。

• 喜爱自然的人都懂得保护环境,即使你坚持驾车,也同样可以做到这一点。至少,你可以确保车辆在良好的保养状态,轮胎也不亏气,这样可以尽量减少燃油对空气的污染。

• 车子的尺寸很重要,在你出手购买帐篷前一定要量一量。有些供全家使用的帐篷很占地方。你还需要带上睡袋、厨具等很多其他物品。如果车子的空间确实不够用又不打算换车,可以考虑在车顶加装行李架,要么就选择小一些的装备。

• 事先向宿营地咨询是否收取停车费。很多简单的宿营地其实就是一块空地,虽然四驱越野车不是必需的,但你至少要有在非铺装路面驾驶的经验。

• 装备装车前,一定要找一个地方把它们都堆在一起,对照清单检查是否有落下的。

• 尽量把你到宿营地后最先需要的东西,如帐篷,放在行李的最上面。

一定要事先测量好,确保你的车能够装下所有的乘员及装备

轻装上阵

并不是每个野营爱好者都希望把自己的行程与车子捆绑在一起,也不是每个人都喜欢拥挤的宿营地。背着背包穿梭于山林原野是欣赏大自然的最佳方式,也是最环保的方式。只要环境与法规允许,独宿在鸟语花香的林中,或是泉声潺潺的溪畔,静静地来、静静地去,不留下一丝痕迹。这样的野趣,每个人都应该至少尝试一下。

• 既然是轻装上阵,所有的装备都应该选择最轻便的。市面上有这类专门的装备出售。即便如此,一天到晚背着帐篷和睡袋行进,对你的身体也是不小的考验。可在出行前进行适当的锻炼,以适应艰辛。

• 在山野间寻找正确的行进路线需要有一定阅读地图的能力。你必须学会如何判断自己在什么地方。

• 出行前调查清楚当地是否允许在野外宿营。

• 单身在外宿营,特别是女子,要做好必要的风险防范。

林荫掩映下,帐篷设在水边,但须与河水保持足够的安全距离。

奢华露营① ——我要风情！

在某些人看来，野营太没有情趣了。篷布、绳子、睡袋，一切的用具都可以齐全，但缺少的却是那么一点感觉。如果你是个讲求情趣的人，一定不要让这疑惑夺去野营的乐趣。即使身在野外，我们一样可以放声大喊——我要风情！

· 标新立异的帐篷是个很好的选择，如，蒙古包或印第安式的圆屋。有的甚至配有烧木柴的火炉。这些帐篷一般采用帆布制作，算是比较奢华的选择。

· 还可以带上许多在野外堪称奢侈的家居用品，如，枕头、靠垫，甚至羊毛毯等。

· 给你的帐篷插上彩旗、挂上亮箔，甚至彩灯，既好看又能帮助你在宿营地里更快地找到它。车子也一样，只要鱼线、木棍和一些随手捡来的小东西，同样可以把你的车装饰一新。

· 从家里带一些能帮你享受生活的用具，如，常用的咖啡壶，漂亮（可能也相当贵）的瓷器、酒杯等。

---

① 奢华露营是近来逐渐发展起来的一种野营风格。奢华露营的爱好者自称"Glamper"，即Glamorous（光鲜华丽的）+Camper（露营者）。——译者

蒙古包外观漂亮， 也很实用。
内部空间要比你想象的舒服得多。

配套设施齐全的宿营地

　　一个配套设施齐全的宿营地严格来说已经算不上野营。与度假村相比,它的主要不同之处不过是人们睡在帐篷中而已。每个可搭帐篷的场地都经过精心收拾,并编上编号,营地中肯定会配有商店,有的还有咖啡馆,随处可见度假者驾驶的房车或多用途车。如果你觉得这一切离大自然太远,还是另找个去处吧。不过,这类营地更受孩子们的喜爱。

　　• 越是配套齐全的宿营地收费越高。不过营地提供的游泳池、网球场等设施还是很受用户欢迎的,特别是在欧洲大陆。

　　• 如果你不喜欢野炊,可以选择带餐厅的营地。

　　• 对于注重人身和财务安全的野营爱好者,这些配套齐全的营地是最合适的。营地中配有较多工作人员,管理制度详细,对进出营地的人员也会检查得更仔细。

一个远离自己家的新家,大概最接近你在这类营地中所能找到的感觉。

提供部分设施的宿营地

这些宿营地的环境更贴近大自然，很多时候仅仅是林间配有厕所和淋浴隔间的一块空地。部分营地中对可搭帐篷的场地进行编号管理，但更多营地中人们可把帐篷随心所欲地搭在他们喜欢的任何地方。这类宿营地对野营者的要求较少，一般也比较清净。不过一旦宿营的人多了，管理也容易成问题。你想早睡、我想熬夜，如何协调众人之间的矛盾，颇需要一些忍耐和谦让。

• 由于场地不需编号，所以每个宿营者都可以有更大的空间。

• 人少，建筑物也少，更能领略大自然的风采。

• 一般允许点篝火或使用火坑。

• 尽管此类宿营地的设施都很简陋，但还是可以分辨出哪些营地管理得比较好，哪些则相反。厕所是很有用的设施，特别是对于小孩子。但一定要在住下前检查一下，看看是否干净。

这类宿营地中，宿营者之间如何和睦相处才是最重要的问题。

节庆野营

以前的孩子初次体验户外生活多是参加童子军,现在更常见的则是音乐节狂欢。同样是户外过夜,但是在这类活动中,需要注意的事项有所不同。

• 首先,你不需要带登山帐篷。在户外店里可以买到非常便宜的、适合此类活动的帐篷。除非你打算每个周末都参加类似的活动,否则最便宜的帐篷也能满足你的需要。

• 带一个可以装上东西拉着走的小行李车,或者类似的小轮车。由于停车很不方便,你会需要拉着所有东西走很长的路。

• 一定要看好厕所的位置。不要选择离厕所太远的地方搭帐篷,但太近了也不好,至少要选择上风头、地势高的地方。

• 在人头攒动的狂欢节,安保是不靠谱的。不要把贵重物品留在帐篷里,也不要带昂贵的炉子、睡袋等装备。

• 深夜派对,酒酣兴阑,如果回来找不到自己的帐篷,那可是件了不得的事。怎么办呢?还是给帐篷做点标记吧,涂鸦、装饰品,或是贴上自己的名字都行。

耳塞很可能是你晚上能够入睡的必需品。

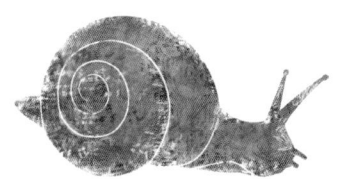

沙滩露营

什么是一生中最浪漫的事？仲夏之夜与另一半在无人的海滩至少算得上其中之一。听着催眠的海浪声，在浮木燃起的篝火余烬陪伴下入睡，那感觉妙不可言。

保护沙滩的清洁是你应尽的义务之一，此外，还须谨记：

· 千万挑选一个沙质细腻的海滩，否则……

· 关注天气预报，否则……

· 查看好高潮线的位置，否则……

· 海滩篝火很浪漫，但也要注意安全，不要放太多的木柴。

· 夜晚的露水会把帐篷打湿，不过不要紧，你的睡袋里会保持温暖干燥。

· 在沙滩上发现狗狗的便便是件令人丧气的事情，在沙滩上发现你的便便那可就糟糕到家了。不管你露营的地方有多么荒凉，一定要注意不可留下任何垃圾。

静静地来、悄悄地去，不给美丽的海滩留下一丝痕迹。

随心所欲

野营一定需要帐篷吗?有时候,出其不意的住处反而成为旅途中最大的乐趣。从法国南部岸边翻扣的小船,到摩洛哥阿特拉斯山顶牧羊人的小屋,越是想不到的期待,越是令人兴奋。不过,一定要事先了解当地法规对徒步穿越的限定,特别是如果当地人有枪的话……

- 如果天气适宜,周边也没有什么人,你不需要准备其他任何东西,有一个睡垫和一只睡袋就足矣。

- 很多山上都有为徒步者修建的简易住所,有时还可找到废弃的农场建筑,如,苏格兰原野上或阿尔卑斯山上都有这类小茅屋或木屋。

- 美国、新西兰等国在长途路线沿线有统筹规划建设的小屋供旅行者使用。

- 带上一块防水帆布,只需一面墙甚至一棵树,就可以搭建一个临时的隐蔽所。如果有两棵相对的树,还可以搭吊床。

- 我们的祖先在山洞中居住了几十万年,你也可以试一试。

在旷野上,你会惊讶于人的所需是如此简单。至少,在一两天中是如此。

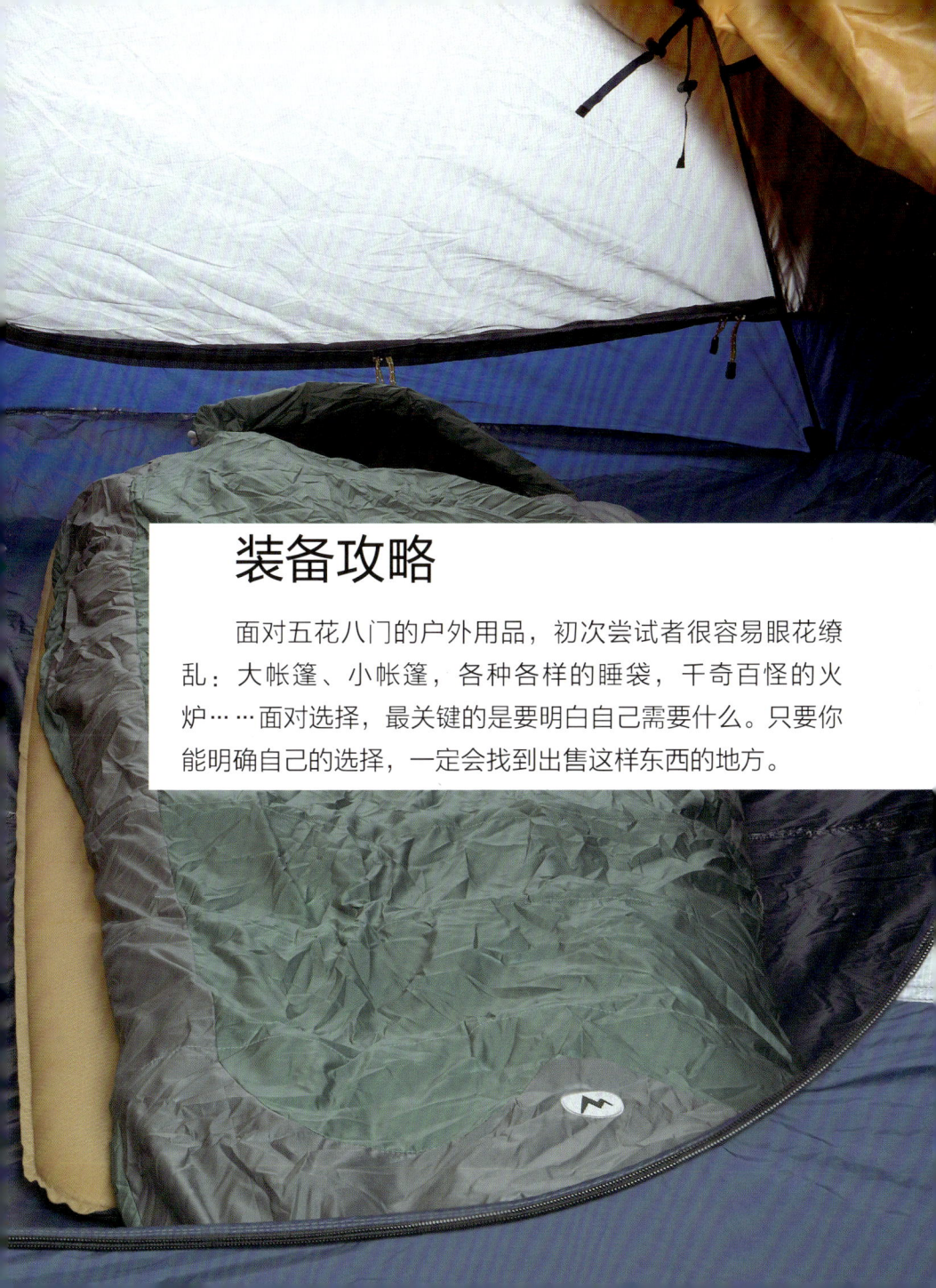

装备攻略

面对五花八门的户外用品,初次尝试者很容易眼花缭乱:大帐篷、小帐篷,各种各样的睡袋,千奇百怪的火炉……面对选择,最关键的是要明白自己需要什么。只要你能明确自己的选择,一定会找到出售这样东西的地方。

第一步：挑选合适的帐篷

买帐篷虽然不比买房子，但也够能让人纠结一番。为减少无用功，在开始挑选帐篷前，你应该先把以下问题思考清楚。

挑选帐篷前需要考虑的问题：

🛖 **帐篷里准备住多少人？**——一个？两个？还是一大家子？

🛖 **有没有孩子？**——是否需要帐篷中隔出孩子们使用的空间？还是给孩子准备单独的帐篷？你需要在帐篷里能够站起身吗？

🛖 **你准备在一年中什么时候使用帐篷？**——仅仅夏天？还是别的时候也要使用？

🛖 **出行目的地的气候如何？**——如果天气炎热，你需要帐篷能够防晒隔热；如果天气寒冷，要考虑能否抵御强风和暴雨的侵袭。

🛖 **如何携带帐篷？**——是自驾出游？还是做背包客？

🛖 **是否需要经常搭拆帐篷？**——如果你是背包出行，会经常需要搭帐篷、拆帐篷，尤其是还要考虑到恶劣天气的影响。

🛖 **帐篷的质量**——便宜的帐篷很难耐久。除非你准备只用一两次，否则把钱投在一顶质量上乘的好帐篷上永远是值得的。

家庭合用的帐篷

最适合家庭使用的现代帐篷主要是较大号的通道帐篷（Tunnel Tent）或圆顶帐篷（Dome Tent）。框架式帐篷（Frame Tent）目前仍有销售，但重量、体积都不令人满意，搭起来也很费工夫。圆顶帐篷最受欢迎，但如果做得太大，用起来也不方便。大多数家庭选择帐篷须考虑综合圆顶帐篷和通道帐篷的优点。

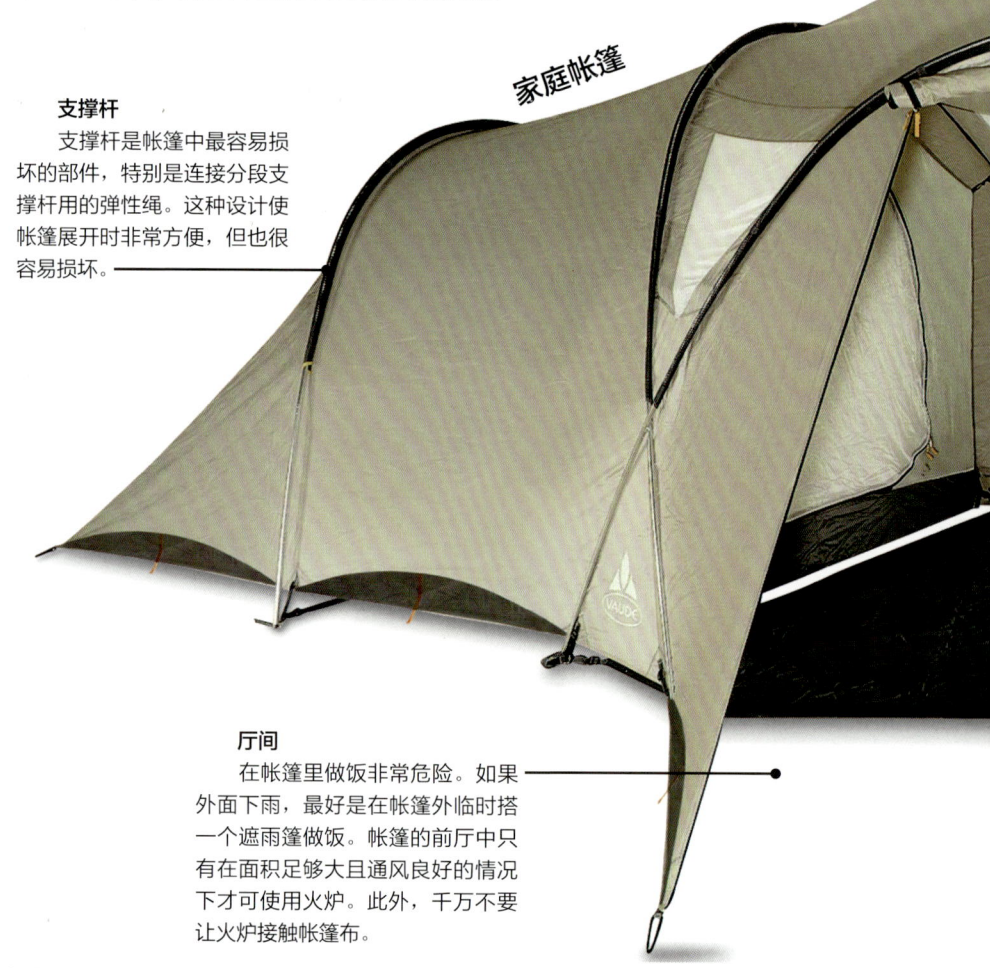

家庭帐篷

支撑杆
支撑杆是帐篷中最容易损坏的部件，特别是连接分段支撑杆用的弹性绳。这种设计使帐篷展开时非常方便，但也很容易损坏。

厅间
在帐篷里做饭非常危险。如果外面下雨，最好是在帐篷外临时搭一个遮雨篷做饭。帐篷的前厅中只有在面积足够大且通风良好的情况下才可使用火炉。此外，千万不要让火炉接触帐篷布。

颜色

深色帐篷可阻挡更多的光线，便于天亮后休息，但白天帐篷吸热多，里面温度也更高。色彩明亮的帐篷更加显眼，家里有孩子的话更容易找到，也更容易从远处被打猎的人发现。

卧室

家庭帐篷内部常分隔成数个空间，有的帐篷里面的分隔可以拆除，以便家里有小孩子时照顾，等孩子长大一些又可以重新隔开，以便孩子们有自己的空间。在网上购买帐篷前可以多看看购买评价，当然如果你能在实体店里实际操作试用一下就更好了。

地垫

大部分现代帐篷的地垫都与帐篷连成一体。越贵的帐篷，地垫的质量越高。地垫的形状像一个浅浅的池子，即使在暴雨下也应该能够保持干燥防水。

材质

现代帐篷的篷布材料都是尼龙或聚酯纤维，重量轻但不透气，所以帐篷里容易觉得闷热，而且也容易结露水。只要外面的天气不是太冷，最好把帐篷的拉锁打开一段，以利于空气流通。

装备攻略 **35**

高山帐篷

这类帐篷适用于更加寒冷的气候,或在强风中暴露的地方。通常这类帐篷采用屋脊式结构或测地线结构[1]。测地线式帐篷的结构具有自支撑能力,如果环境不是很恶劣甚至不需要使用帮助固定的支索;同时这种帐篷的内部空间利用率也比较高。如果你经常使用帐篷野营,并且只是偶尔需要在较差的环境中使用,那么买一顶两人或三人的小型测地线帐篷就非常合适。

---

[1] 测地线式帐篷:Geodesic tent,也称卫星帐篷或网格帐篷。

测地线帐篷

入口

帐门使用双向拉链,可以卷起来,便于天气不好时在帐篷内做饭。帐篷的另一侧也有门,便于拿放东西。有些款式为了应对极端恶劣的天气,还设计有加长的前厅。

外帐

登山帐篷的外帐比轻型帐篷更厚，可以抵挡更强的寒冷。接合处做了密封，防止漏水。越是高档的帐篷，外帐就越经久耐用。穿支索的挂头缝有反光条，以便在黑暗中也能找到。

支撑杆

优质的铝杆配上铜插环，既方便使用又结实坚固，天气好的时候，完全不需要用支索固定帐篷。

钉桩

钉桩穿过用来固定支撑杆的尼龙带，并用金属或塑料环固定。尼龙可调节长短，在大风中可将护篷布拉紧，以保持帐篷的温暖。

轻量化的帐篷

对背包旅行者来说，帐篷一定要尽可能轻。如果只有两三个人使用，最佳选择是简易的测地线帐篷（只用3根支撑杆而不是通常的4根或5根）或通道帐篷。通道帐篷一般更长，如果你个子很高，就应该选择通道帐篷。不同于真正的测地线帐篷。这种帐篷必须用钉桩固定在地上才可使用，但内部结构和外帐都可以一次搭好。

支撑杆
这个帐篷只需要2~3根支撑杆。帐篷内侧的尼龙带可以调节支撑杆的强度，以抵御侧风。

通道帐篷

钉桩
通道帐篷必须使用钉桩。在岩石或硬地上使用起来有些不便。

空间

制造商将此帐篷标为3人用,不过真要睡3个人会很挤。帐篷全重3公斤,也就是说每个人只需要负担1公斤的行李重量。半圆形的设计,睡下时头部空间比简易测地线帐篷更宽敞。

后厅

通道帐篷通常都比简易测地线帐篷更宽敞,内部空间没有隔断,可以从这头一直通到那头。

前厅

尽管此款帐篷很轻,但前厅却很大。下雨时可以把各种东西都放在帐篷里面,很方便。门顶还设计了挡雨檐,防止雨水流到门前的地面上。

支索

通道帐篷怕侧风,一定要把支索拉紧固定好,以免变天时后悔。

徒步专用帐篷

最后要介绍的是可以让你摆脱一切束缚,真正自由游走的一类超轻型帐篷。徒步用环箍帐篷是这种类型中的典型。下面这顶帐篷只重1.8公斤,适合单人徒步或骑行使用;同时又可提供最多2人的较为舒适的空间。不过,这样的超轻型帐篷肯定经不起风雨,天气不好时必须用支索固定好才行。

支索
环箍帐篷只有一条支撑杆,因此外帐必须用支索拉紧才能固定住。

圆顶帐篷

透气孔
越是小帐篷越怕凝结水汽,因为人在帐篷中常常需要背靠篷布而坐。透气孔可以减少水汽的凝结。

拆卸内帐
通过巧妙的设计,帐篷的整个内帐可以完全取下。这样在风和日丽的日子里,需要携带的物品重量又可减轻不少。

支撑杆
环箍帐篷其实就是一张布,支撑杆撑起一角,其他面则用支索拉起固定。

内部空间
内帐与外帐连为一体,搭建非常简单。尼龙带连接着帐篷的另外几个角,拉紧后就形成了正方形的格局。

卧具

虽然帐篷内垫基本都是防水的,但即便是裹着睡袋,直接睡在上面也很不舒服——除非你已习惯在硬地板上睡觉。不仅如此,直接接触地面还会使散热增加,晚上更不容易保暖。无论什么样的卧具都能起到隔热保暖的作用,但它们的舒适程度则相差很多。除自己对舒适度的要求外,每种卧具的重量也是你在作决定前必须要衡量的因素。以下是4种最常见的卧具。

闭孔海绵垫

这种垫子使用起来非常方便,直接铺上就可以了。它的厚度只有两厘米,表面做成褶皱,睡上去很舒适。尽管这种垫子隔热性能很好,但冬天还需要换用更厚规格的垫子。

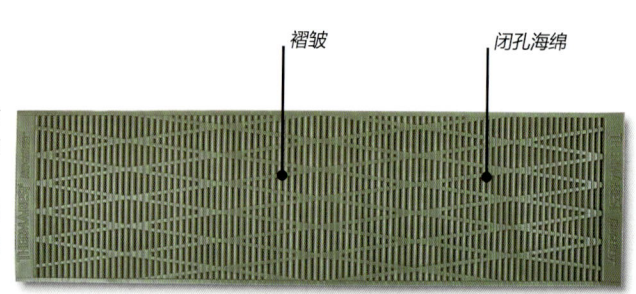

褶皱　闭孔海绵

开孔海绵垫

这种垫子使用尼龙面料包裹着里面密封的海绵,利用气嘴充气后密封即可使用。其优点是既舒适又轻便。还有更小号的窄垫子可供需要减轻负重的人选择。气嘴是最容易坏的部件,有些品牌提供终生保修。

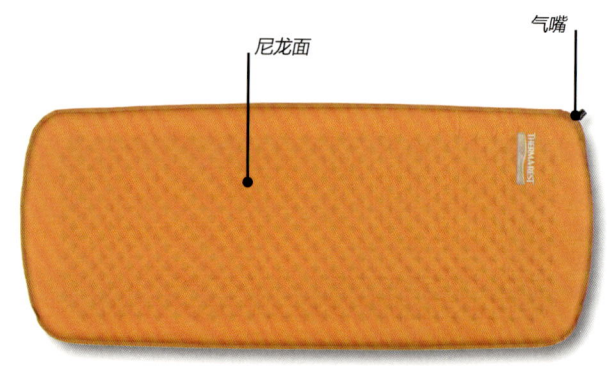

尼龙面　气嘴

气垫

气垫的隔热性能和舒适度都极佳,但缺点是很重,并且需要用气泵充气。如果嫌脚踏式气泵使用麻烦,可以购买电动气泵。此款气垫配有气泵。

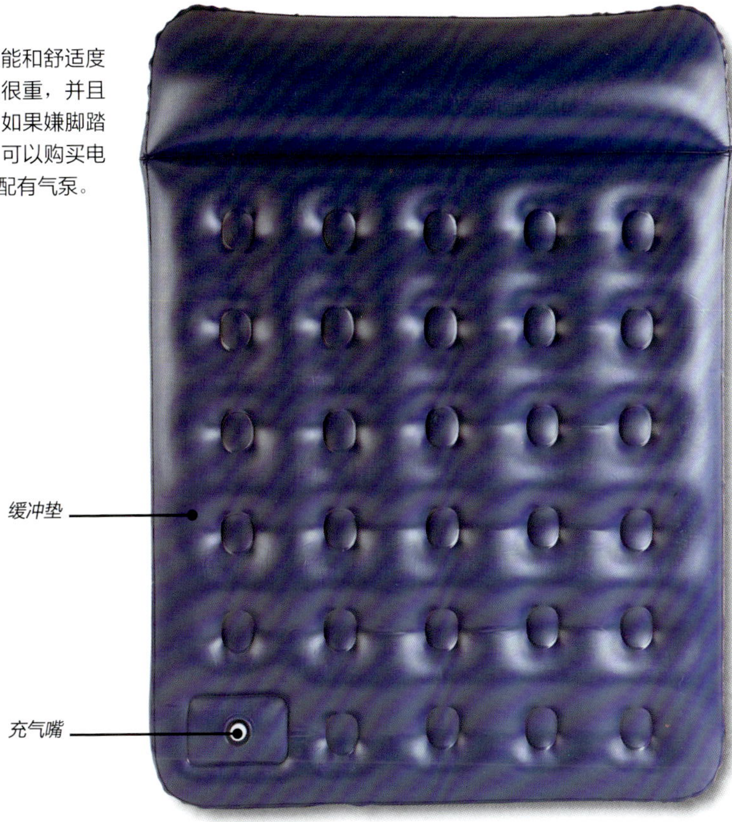

缓冲垫

充气嘴

行军床

现在没什么人用行军床了,但它确实有独特的优点,比如,不会被戳破,并且睡在上面的感觉与普通的床铺最接近。此外,白天还可以躺在上面在树荫下小憩。

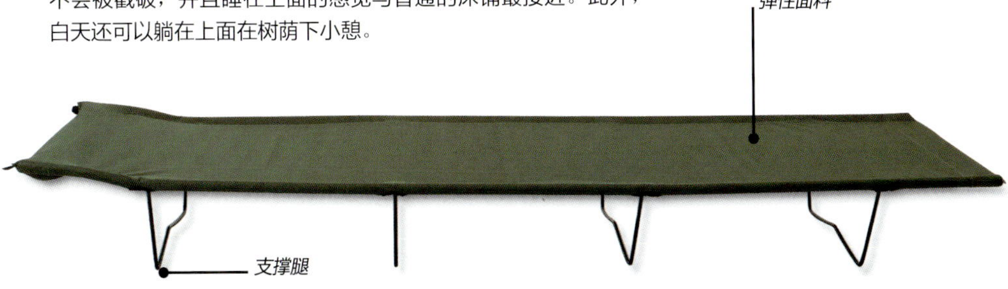

弹性面料

支撑腿

睡袋

如果你觉得睡袋睡着太拘束，当然也可改用床单和被子。有些厂家还把睡袋做成被子的样式。这种睡袋睡起来会更舒服，更像在家里的感觉。不过，床单、被子组合要比睡袋更占地方，放在车里就很累赘，更甭提背着徒步跋涉了。

如何选择睡袋的材质

睡袋的填充物可以分为羽绒和人造纤维两种。这两大类各有千秋，必须根据自己将要旅行的目的地（登山、海滩）来选择。

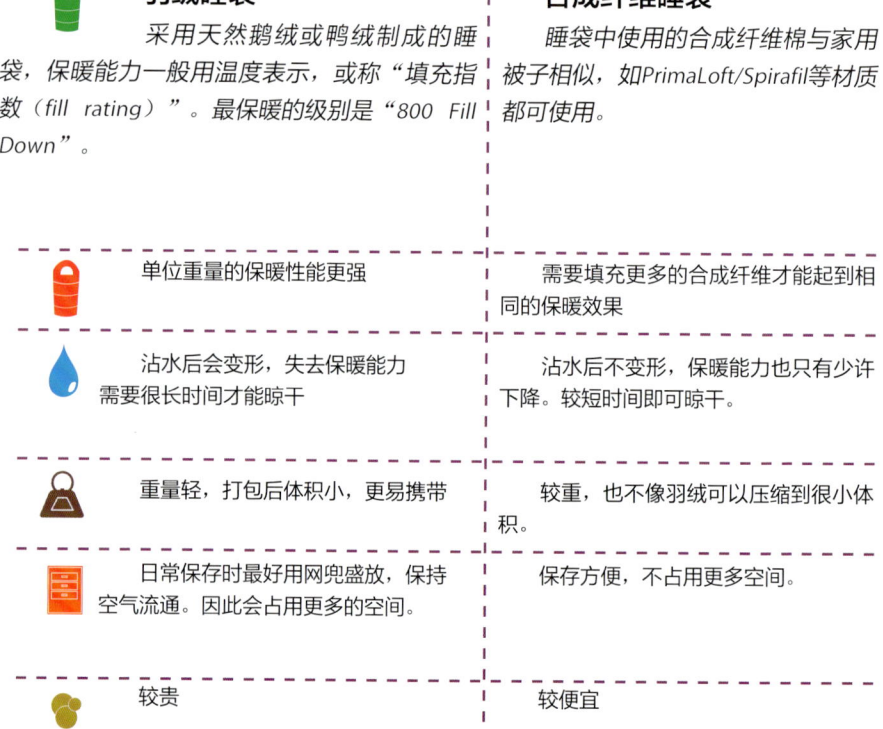

	羽绒睡袋	合成纤维睡袋
	采用天然鹅绒或鸭绒制成的睡袋，保暖能力一般用温度表示，或称"填充指数（fill rating）"。最保暖的级别是"800 Fill Down"。	睡袋中使用的合成纤维棉与家用被子相似，如PrimaLoft/Spirafil等材质都可使用。
	单位重量的保暖性能更强	需要填充更多的合成纤维才能起到相同的保暖效果
	沾水后会变形，失去保暖能力需要很长时间才能晾干	沾水后不变形，保暖能力也只有少许下降。较短时间即可晾干。
	重量轻，打包后体积小，更易携带	较重，也不像羽绒可以压缩到很小体积。
	日常保存时最好用网兜盛放，保持空气流通。因此会占用更多的空间。	保存方便，不占用更多空间。
	较贵	较便宜

夏季使用

夏季用睡袋很便宜，多采用长方形设计，内部空间大，睡着更舒服。很适合在车内使用，或者在参加节日活动、海滩露营时使用。

头罩
拉紧松紧绳，头罩就可以紧贴着你的头，在寒冷的夜晚更好地起到保暖作用。

衬里
尼龙衬里在夏季炎热的时候会感觉黏腻难受，这款睡袋的衬里采用聚酯和棉材质，并可以拆除。

重量
这个睡袋重2公斤，体积也很大，不适合徒步旅行者。如果是羽绒材质，同样的保暖效果重量会减轻一半。

充填物
便宜的睡袋一般都采用合成纤维充填物。它的保暖效果也不错，但比较重。好处是容易清洗。

拉链
拉链沿着睡袋整整一圈，在炎热的日子可以完全打开，或者把两个睡袋连接起来变成双人睡袋——如果你有这个打算，记住一定要买拉链从左侧拉开的和从右侧拉开的睡袋各一个。

样式
这款睡袋采用长方形设计，腿部的活动空间更大。但相应睡袋中空气流动更容易，边角的地方在寒冷的夜晚会变得很冷。

三季使用

如果除夏季开车出行外,还想在其他季节使用,如在寒冷的环境里徒步旅行,就需要选择更好的睡袋(羽绒或合成纤维)。

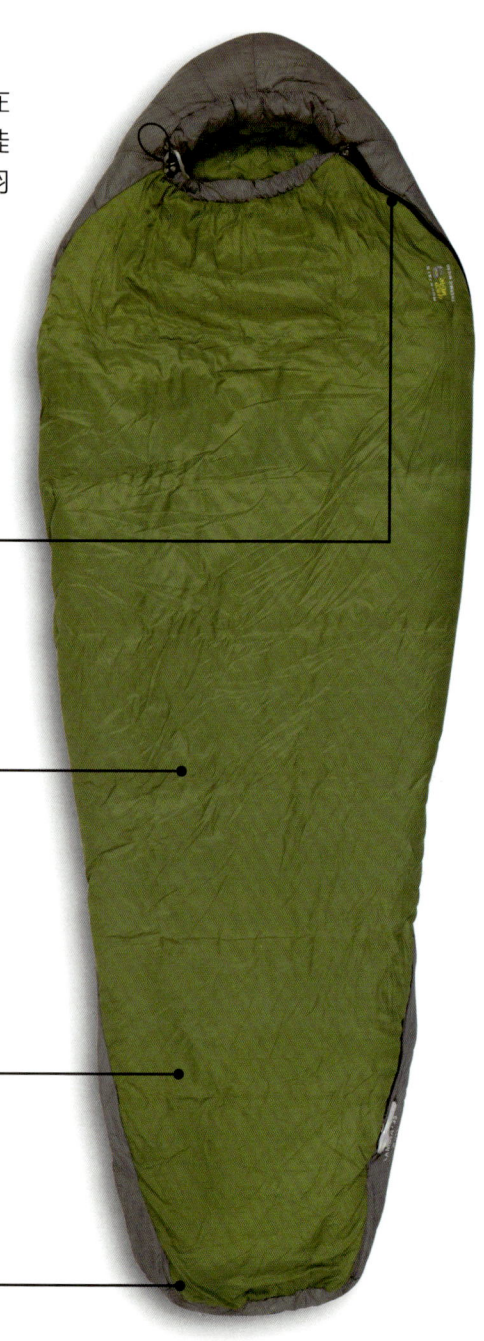

拉链

这款睡袋的拉链可从两头分别拉开。在夏季气温高的时候,人们常常感觉脚放在睡袋里很热,但打开睡袋身体又会觉得冷。使用这款睡袋,你可以把下端拉链打开一截,以利于通风降温。

填充物

这款睡袋采用高质量的聚酯纤维填充物,但重量却只有1公斤,很适合用在需要背着睡袋经常行走并容易被打湿的场合。不过,它的体积还是有些臃肿。

保暖级别

由于各人新陈代谢的速度不同,每个人需要睡袋的保暖级别会有些许差异。不同厂商标志睡袋保暖级别的方法也不同,有的用季节划分,有的用温度。这款睡袋的保暖级别是0℃,适用于低纬度地区的春夏秋三季。

样式

与长方形的夏季用睡袋不同,这款睡袋的腿部会与人体紧密贴合。虽然比较拘束,但却更保暖。

头罩

睡袋顶部可以完全封闭，保持头部温暖。整个睡袋的长度超过两米，即使高个子也能舒服地躺进去。

拉链

拉链外侧有一条填充羽绒的遮条，将拉链完全覆盖住，以防热量从拉链处散失。

填充物

这款睡袋填充的是鹅绒，保暖性能非常好。虽然重量只有1.1公斤，但保暖级别达到 -12℃，压缩打包后体积也明显小于聚酯纤维填充的睡袋，特别适合冬季登山露营使用。

结构

睡袋被缝制成许多小口袋以阻止羽绒在里面到处流动。

羽绒

与聚酯纤维相比，羽绒的保暖效果更佳，也更轻、更耐用、更易压缩。其缺点是，必须找专业洗涤，且在被打湿后会失去保暖效果。

枕头

如果还嫌头部不够舒服，可以带一个露营枕。大部分款式的枕头采用中空密封纤维，压缩后可以装入专用的小袋子，便于携带和保存。

炉子

露营用的炉子显然要比篝火更方便好用。炉子一般分为加压和不加压两种,燃料则有很多种:气罐,多用丙烷、丁烷,或两者混合;液态燃料如煤油、汽油、工业酒精及固态燃料(价格更便宜,但燃烧速度慢)。由于飞机上不能携带易燃物品,所以如果是远距离旅行,一定要事先确认目的地能否买到你所需要的燃料。

双火眼燃气便携灶及烧烤架

• 适于开车出行,使用起来与在家做饭没有太大不同。灶上设有两个火眼,可以同时使用,做出更复杂的饭菜。附带的烧烤架还可以用来烧烤。

• 这款燃气灶在露营用的炉子中算是比较大的了。配套的气罐也较大,可以坚持使用约一周。用完的罐子要找专门的地方充气。如果需要在宿营地充气,最好事先打听清楚。一般大型宿营地都会配有充气设备。

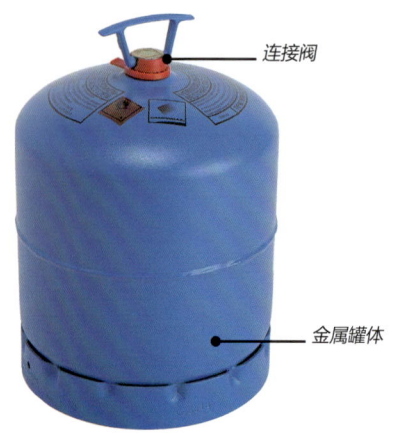

连接阀

金属罐体

火力调节

小型便携式燃气炉

• 这种燃气炉放在背包里也很方便。炉子的重量只有150克,可在4分钟内煮开1升水。

• 炉子本身带有点火开关,不用另备火柴。

• 小炉子虽然带着方便,但稳定性不好,尤其大号的平底锅放在上面很容易翻倒。因此,做饭时要特别注意选择平坦的地面。

• 最新设计的便携燃气炉配有热交换改进系统,可提高燃烧效率,1分钟内就能煮开1升水。但这样的炉子至少要比普通的炉子贵一倍。

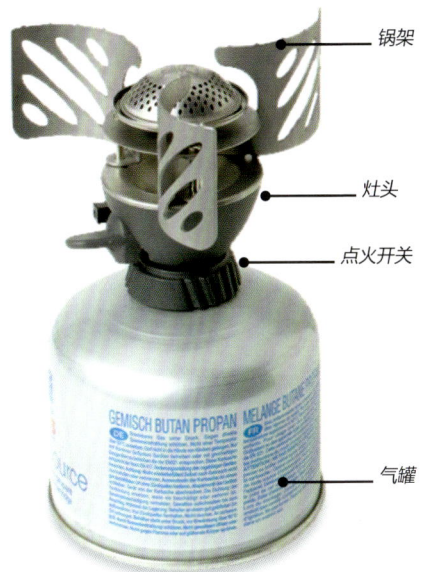

锅架
灶头
点火开关
气罐

自驾游用小型燃气灶

• 这款燃气灶介于徒步背包设备和大型便携燃气灶之间,且价格低廉。平板设计增加了稳定性。

• 灶内装有丁烷气罐,不需要使用软管连接。但这种小型气罐的使用时间也短得多。灶上也自带点火开关,需要注意的是,这种点火开关是有使用期限的,过时需要更换。

防风挡
下烤盘

其他选择

家长常常会提醒孩子远离家中的炉灶,在宿营时这一点愈加需要注意。营地的很多东西都是可燃的,首先就是帐篷。因此,一定不要在帐篷里使用炉灶;只有在保持良好通风条件下才能在帐篷的前厅中使用。点燃炉灶时可能会意外喷出很高的火焰,因此要注意上方不要有任何东西。另外,新买的炉灶出门前一定要试用一下,而且要在室外试用,以免遇到不必要的麻烦。

工业酒精炉

- 这种炉子属于非加压灶,用工业酒精作燃料,使用起来方便、安全,但火力小。

- 这个炉子配有防风护套,方便在有风的环境中使用。这一点比其他炉子算是优势。当然如果使用其他炉子,你也可以很轻易地自己设计一个防风挡,或者单买一个。

- 这款炉子配了两套锅盘,并且是与灶整合在一起的,用起来更方便,还带有包装套。整套设备总重只有860克。

- 非加压灶不适合高海拔地区。

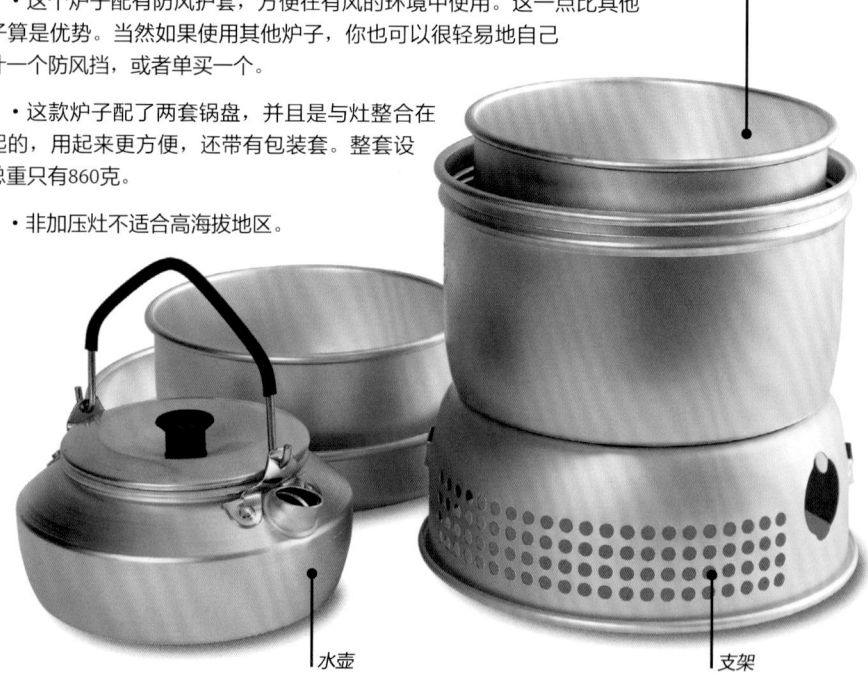

一体式锅盘

水壶

支架

多用途炉

- 这种炉子受到许多徒步旅行者的欢迎。炉子本身非常轻（85克），可使用多种不同燃料，如，石脑油、无铅汽油或煤油，但不能使用酒精。

- 炉子的燃料装在加压瓶中，使用时打开阀门，压出的燃料边挥发边燃烧。

- 由于是加压灶，这种炉子的热效率很高，可以很快煮开一锅水，在高海拔地区也可使用。

- 使用的液态燃料中如果有添加剂，在燃烧过程中会逐渐沉积在火眼处，需要定时清理。

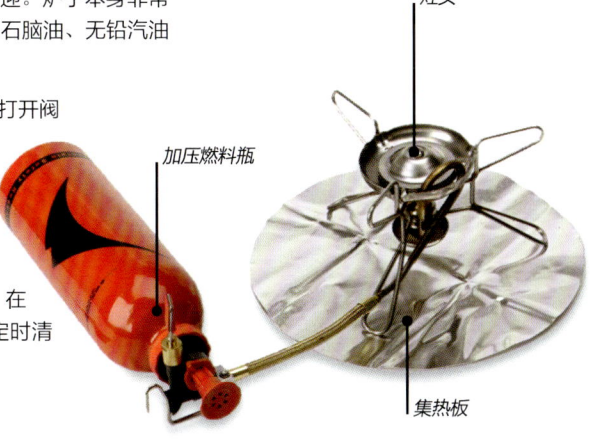

灶头

加压燃料瓶

集热板

烧烤炉

- 如果你喜欢烧烤但宿营地不许点篝火，这种便携的炭烧烤炉就派上了用场。除烧炭以外，还有使用气罐的烧烤炉，但价格比这个贵得多。

- 除烧烤炉外，你还得带一个普通的炉子，所以事先要考虑好车子的空间。烧烤炉一般都很占地方。

烧烤架

支架

如何点炉子

- 越是小物件就越容易忘记。火柴、点火器都是必备的，如果没有它们，再好的炉子也是白费。徒步旅行者甚至应该考虑携带防风火柴，以便在强风下甚至浸水后也能顺利点燃炉子。

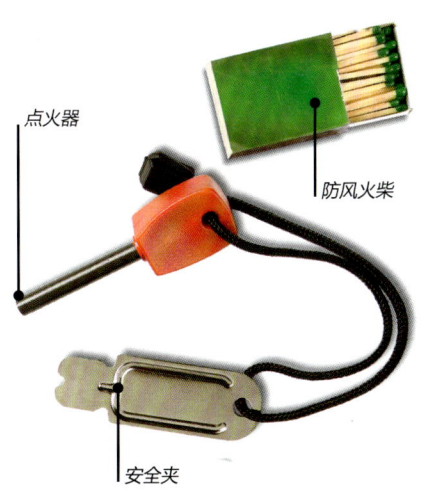

点火器

防风火柴

安全夹

绝对必备物品

除了前几页提到的几大件外,以下物品也缺一不可。

锤子 如果你试过用手把帐篷桩或帐钉按进地里,就知道带把锤子是多么重要了。

帐篷桩 就像零钱一样偶尔会无理由地消失,所以多带几个备用吧。有些帐篷桩是用可降解塑料制成的,就算是丢了也不会对环境造成破坏。

装水的容器 通常帐篷离水源总会有些距离,来回取水是件很烦人的事。

燃料 不管你用的是气罐还是液罐,总有用空的时候,带一瓶备用燃料很必要。

头灯 这是一件很有用处的装备,戴着它你就能腾出双手来做事,晚上躺在床上看书也很适用。

固定帐篷桩时如果有一把**轻便锤**就可以免得伤到手。

如果用气垫床，就需要带一个**气泵**，脚踏式或电气泵都可以。

提灯 有用电的，也有用燃气的，但使用燃气提灯，就相当于把一个炉子带到帐篷里，所以还是用电的吧。LED灯泡的亮度就足够用的了。

油布和支架 可以在帐篷外再临时搭建一个餐厅，但不要忘记多带几根绳子便于固定。

塑料瓶子 白天可以用来装随身携带的饮用水，晚上则用来打水做饭。

胶带 可用来临时修补各种各样的东西。

太阳能电池板 有了这个东西就可以随时在阳光下为你的手机或mp3充电（如果你实在离不开它们的话），同时还很环保。

用便携式大型提灯照亮你的行程。

其他必需品

谁都不愿在假期里还操心各种小事。不过,未雨绸缪才能真正玩得开心。

带一套洗碗的器具不会在车里占用太多空间,但却可以带来很大方便。一个塑料盆、一瓶洗涤剂、一副橡胶手套即可。

同理,洗涤用具也要带一套,最好装在可以挂起来并有拉链的袋子里。小瓶香波和小香皂适合背包旅行携带。如果有孩子,手消毒液也是必需的。

毛巾 应该选择户外专用或旅行专用毛巾。这种毛巾干得特别快。

户外用快干毛巾几秒钟就可擦干水迹,几分钟就可晾干,还可压缩成很小打包。

防水袋　手边总要放几个,以便存放干衣服,或者待洗的脏衣服。再备几个可以密封的防水袋,用来保护相机、手机等电子设备。

晾衣绳　简单实用。另外,户外用品店可以买到弹性晾衣绳,可在帐篷内使用。

急救包　需要妥善保管并定期检查,快过保质期的药品等要及时更新(见108~109页)。

多用途刀　像下面这样的多用途刀在户外尤其好用,割断绳子,解开鱼钩,还有很多其他的用处。如果没有多用途刀,带一把小水果刀也可以救急。

多用途刀不用的时候请收起来妥善保管。

增添情调的奢侈品

野营并不像很多人想象的那样,只适合不在乎粗粝生活的人。正相反,资深野营爱好者不但不会反对在户外搞一点浪漫,而且还很善于此道,毕竟我们是来度假的嘛。

带一台**咖啡机**,就着清新的空气,品尝新鲜美味的咖啡。

你可以用便携灶做出各种可口的饭菜,但想做出**蛋糕**却是很难的。不如带上在家里烘焙好的蛋糕吧(见183-185页)。

葡萄酒杯　即使是塑料的,也比普通水杯要有情调得多。

在帐篷里铺上羊毛**地毯**。

天文望远镜　很多城市人都没有见过真正的银河。带上一架望远镜,夜晚就可以尽情享受繁星点点的美丽。

说到情调,什么都比不上**蜡烛**。不过,在帐篷里点蜡烛,第一要注意的是安全。市面上有专门为户外设计的蜡烛托,建议你买一个。

花一点小心思,从家里带几件奢侈品,立刻就能给整趟旅途注入完全不同的享受。

儿童户外用品

野外是孩子们的天然乐园。对他们来说，营地是另一个新奇的家，是充满无穷乐趣的大游乐场，也是学习知识的天然课堂。过多的新鲜事物会使部分儿童产生焦虑情绪，如果想避免发生这样的问题，可在出门前多给孩子们讲讲将要遇到的事情，打打预防针。想让孩子在野外玩得开心，就要给他们准备一些自己的小装备和玩具，同时也不要忘记从家里带上几件孩子熟悉的玩具和物品，以免他们觉得生疏。出门前先带孩子在家附近做一次试验性的演习也是个好主意。最好选择与家距离不少于几公里的地方——后院虽然也可以搭帐篷，但楼上温暖的床铺在半夜里总会对孩子产生过多难以排遣的诱惑。

给孩子带一些他们喜欢的**玩具**、书籍，这样可以让他们仍旧有在家的感觉，特别是晚上哄睡觉的时候更管用。不过，你要时时刻刻盯紧他们，不要把东西丢掉；或者可以多带一两件偷偷藏着，以备不时之需。

夜灯 是必需品。户外清新的空气会让孩子睡得更熟，但缺少一点亮光的慰藉，很难让他们安稳入睡。

一次性相机 可以用来记录下童年珍贵的点点滴滴。即使照片没有专业相机拍摄的那么清晰也不要紧，便携易用才是最重要的。

准备一个小**宝箱**，用来让孩子们存放他们捡到的有趣的东西，如，羽毛、好看的石头等。

描述大自然或鸟类、昆虫、花卉的书籍及望远镜、放大镜等，都会激起孩子对大自然的好奇与渴望，没准就能培养出一个小自然科学家呢。

孩子的**背包**不需要很大，也不用很高档，最重要的是让孩子背着自己喜欢的东西，感受拥有的快乐。

背包里不要忘记放一些应急的食品，以备万一。

户外穿戴

什么才是最适合野营的衣物？这取决于出行的时间、地点及行程计划。限于篇幅，这里就不展开来谈了，只提醒一点：大部分衣服在户外晾晒所需时间都比在家里更长。所以，牛仔裤虽然穿起来结实耐用，但在野外一旦沾水却是噩梦。有些高级的宿营地会提供烘干设备，但大多数营地没有。除此之外，还有一些装备是你不见得能够想得到的，比如：

雨披　雨披也许并不时髦，但却十分实用，特别是在夏季突遇大雨时。雨披穿起来很方便，而且下面透风，在炎热的季节不至于让人觉得不舒服，还可以把很多东西放在里面避雨，如，饭菜、背包，甚至小孩子……

披肩/毛毯　在冷风袭人的夜晚，如果你不想换上毛衣，那就简单地披上一条羊毛或羊绒的披肩或毛毯，用它们裹住身体，围坐在篝火边，既温暖又舒适。

胶鞋（雨靴）　在多雨的地区，防水胶鞋或长筒雨靴是户外活动的必备，如果在野外遇到小溪，蹚水行走也很方便。

拖鞋　用来晚上穿着上厕所，比起黑灯瞎火光着脚穿登山鞋要舒服不知多少。特别是不怕水的拖鞋，穿起来更方便。

软帽　每个人都应该备一顶帽子以遮挡正午的日晒，对小孩子来说更必要。同样的道理，一定要准备一件长袖薄上衣。

伞　如果行囊允许，最好带上一把。雨天打伞要比穿雨衣舒适得多。

胶鞋可以使双脚保持干燥，帽子则防止脸部晒伤。

打包行囊

打包的原则主要是以下两条：安放有条理；用时易拿取。如何才能做到这两点？以下是一些经验。

常用必备物品 如防晒霜、指南针、地图、导游手册等，应该放在最外面的口袋里。

防水袋 里面主要放需要保持干燥的物品，如，备用衣物、睡袋。

水壶 放在最外面容易拿到的地方，瓶口一定要朝上。

越轻的物品 如，睡垫、口袋等，越要放在背包的最下层。

雨伞和雨衣 要放在背包最上面，以便迅速取用。

急救包 也要放在容易拿到的地方。

最重的物品 要放在两肩背带中间的位置，尽量贴近后背。

燃料罐 也要朝上放，并且放在背包的外面。

帐篷 用防水袋套好，系在背包下面。

装车

从装车可以看出一个人的性格。虽然把所有东西随便扔在车里也无可厚非,但合理地规划会避免很多麻烦。最重要的一点是,不要忘记零碎物品。比如,缺了一根支撑杆,帐篷就搭不起来。出门前应该把所有物品找一块平地摊开放好,然后对照先前做好的清单,看看是否都带齐了。此外再介绍几点有用的经验:

• 准备几个大塑料箱子,放厨具和食品很方便。另外把东西放在里面,装车卸车都要方便得多。

• 对装车顺序没有什么最合理的讲究。不过,最好把帐篷放在上面,因为那是你到营地后需要用的第一件东西。

• 雨衣和雨披要放在帐篷的上面,以备不时之需。

• 车子的救援工具箱要放在容易拿到的地方。

• 出发前看看后视镜,如果堆放的物品影响观察车子后方的情况,最好再重新整理一下。

搭帐篷的学问

对老手来说,选择宿营地点、搭建帐篷都是手到擒来之事。不过新手也不必担心,通过学习本章提供的窍门,你也可以让这一切变得既简单又有趣。

搭帐篷前的注意事项

长途跋涉之后,每个人都想尽快搭好帐篷以便休息。如果你只准备待上一晚,天气也不错,就算搭得不好也无所谓。但如果打算停留几天,或者有下大雨的可能性,那么在你风风火火搭起帐篷前,有几点是应该注意的。

做好功课

有些宿营地对搭建帐篷的地点有特殊要求。这就是为什么我建议在出发前先打电话咨询的道理。事前把功课做好,这样才能在抵达宿营地时节省时间。

如何选择地点

如果你去的是配置齐全的宿营地,应该先找到接待处登记,并由工作人员为你分配带有编号的搭帐篷地点。这种情况你基本上不需要自己再考虑什么了,除非你觉得不满意分配的地点,可以向工作人员请求调换。在其他营地,特别是那种可以自由选择搭建帐篷地点的宿营地,一切都需要你自己决定。下一页介绍挑选地点的一些常识,随后两页举了一个现实中的例子来说明怎么样才算是最佳地点。

在选择地点之前，请先考虑以下问题：

🔺 **你喜欢周围帐篷里的人吗？** ——如果你的"邻居"喜欢喧闹而你相反，请尽快换一个地方。

🔺 **附近是否有小路经过？** ——不要把帐篷搭在小路附近，山林里的兽径也要避开。否则你就等着被各式各样的人（或动物）打搅吧。

🔺 **水源在哪里？** ——如果有需要，可以靠近河流或溪水扎营，但不能离水边太近。不流动的水容易招引蚊虫，帐篷要与之保持距离。

🔺 **地面是否平坦坚实？** ——只有这样的地点才适合搭建帐篷。不用担心地面是否有草——如果草长得茂盛，还能遮盖地面的不平凸起呢。睡垫或气垫完全可以让你睡得舒舒服服。

🔺 **周围是否有树木？** ——附近的树木可以阻挡劲风，也可以捆扎绳子以便固定帐篷和其他东西。但不要把帐篷搭在悬空的树枝下，也不要靠树干太近。在大雨中树木会汇集流水，还可能招致闪电。

🔺 **是否有固定的风向？** ——确保帐篷开门避开强风的来向，尽管风可以吹跑附近的飞虫。

选择好地点

排除掉前页提到的一系列不利因素后,你终于可以好好看一下自己选中的地点了。本页给出的例子是一个非常适合搭建帐篷的地点,很多细节都应当在你从车上拿下帐篷之前就仔细研究过。

地面——尽管地面上草很稀疏,但地基平整、坚实,没有任何被积水侵蚀过的痕迹。与河岸距离约18米,足够保证营地的安全与安静。

树木——树木的位置很理想。既能挡风,又没有横空的树枝,不会偶然掉下来砸到帐篷,需要时还可以利用树干绑定遮阳篷。

风向——如果风向恒定,应让帐篷入口对着下风头,对于轻量型怕横风的帐篷尤其要注意。

篝火——位于帐篷背后,与河岸之间。石块圈起的中央是可以燃烧木柴的地方。在野外用火一定要小心谨慎。

水——河流提供了良好的水源,但要小心河水是否会泛滥。小孩子在河边玩耍也很危险,要多加注意。

完全搭建好的营地——一顶家庭帐篷加一个天棚构成了理想的宿营环境。天棚不能立在火坑上方,否则会有危险。天棚和帐篷为宿营的各种活动提供了充裕的空间。

搭建家庭帐篷

家庭帐篷体积较大,最大的可容10人;结构坚实,但对恶劣天气的适应性一般。尽管小孩子跟大人一起睡最安全,但购买家庭帐篷时,最好还是选择内部带有多个隔间的,以便家庭成员之间在需要时可以保留自己的私人空间。

1 从袋子里取出折叠好的帐篷。这顶帐篷采用圆顶造型并带有延展空间,快捷安装设计,如果有两个人一起操作就更加方便。先搭好内帐,然后再搭外帐。

2 在选定的架设帐篷的大致位置摊开内帐。由于这种帐篷独立成型,搭好后还可挪地方。

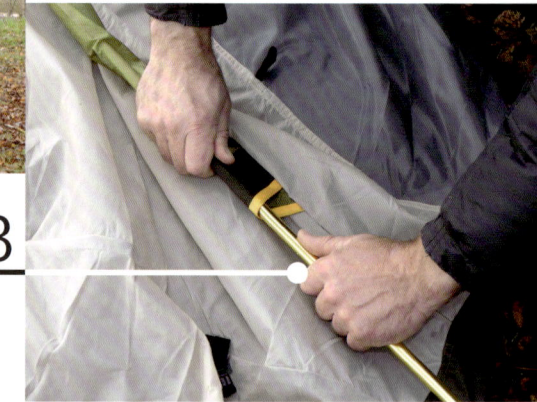

3 将用于支撑内帐的5根撑杆插入相应的滑槽中。每个撑杆和滑槽上都有对应的颜色标记,不会弄错。

4 将撑起的内帐放到预定位置。先钻进去躺一躺,看看地面有没有影响舒适的坑洼隆起,如果没有问题,就将内帐用钉桩固定好。

5 帐篷较大、钉桩较多时,建议使用锤子,也可用石块代替。钉桩入土端一定要略斜向帐篷方向。

6 等把外帐搭好后再整理帐篷内部的空间。这是帐篷内部的隔墙,分出了后部作为卧室。

7 搭建好的帐篷周围环绕着树林,地形平整,通风良好,光线充足。作为野外生活的基地,它不仅提供了睡觉的地方,还提供了独立的起居活动空间。

搭建高山帐篷

高山帐篷适合那些把自驾野外游当成家常便饭的户外爱好者。尽管比便携式帐篷重,高山帐篷也能挂在背包上面背着,并且无论冬夏在野外都能适用,你也不用担心那些做工良好的帐篷会被一阵妖风吹垮。高山帐篷比较矮,人在里面无法站立,但和普通帐篷一样设有前后门厅,以便于做饭或堆放物品。

1 打开袋子,取出地垫并确定好插桩的位置。这款测地线式帐篷需要先将四角用钉桩固定。

2 将5根颜色不同的撑杆分别插入对应颜色的尼龙带插孔中(四角及边线),先插四角的撑杆。

3 找到帐篷正中央的挂钩,挂好并将弯钩部分扣紧。然后将其他所有挂钩依次挂在撑竿上并扣紧。

4 装好另两根主撑杆后,就可以挂内帐了。现在已能看到测地线式帐篷的典型外观。交叉的撑杆设计是它能够抵御大风等恶劣天气的关键。

5 将外帐搭在内帐及撑杆上面,并将外帐上的连接绳与撑杆系紧。然后用第5根撑杆搭起外帐形成门厅。

6 将外帐底部的搭扣,扣住之前撑开的尼龙带上的环扣。将连接绳拉紧,即使在强风或恶劣天气中帐篷也可完好无恙。

7 完全搭好后的样子。大部分登山帐篷都是先装内帐,后装外帐,两层帐体和交叉的支撑杆结合起来非常坚固。

搭建轻型帐篷

能够舒舒服服背着走的帐篷一定不会太大。但是这款通道式帐篷至少可以满足两个人的需要。内外帐可同时搭起是这款帐篷的最大优点,在雨天里格外好用,但这款帐篷一定要顺着风向搭建,因为侧风对它是致命的。

1 折叠好的帐篷可以分成重量基本相等的两部分,以便于二人分担。和大多数现代帐篷一样,支撑杆分为多段,中间有弹力绳连接,需要手工接好。

2 尽量将帐篷完全抖开。如果风大,可用钉桩先固定住外帐的一头。

3 这款帐篷的撑杆槽一端是封闭的,支撑杆只能从另一端穿入。支撑杆的两端有一端是尖端,另一端是钝头,一定要用钝头穿入槽中。

4 将支撑杆的另一端插入用来固定帐篷底的尼龙带上的黄铜扣里。然后将帐篷尽量伸展开,打入钉桩,并拉紧尼龙带。

5 将内帐上的套扣拴入外帐上的塑料环并拉紧(如果天气好也可只携带外帐,这样更轻便)。

6 插好钉桩,固定好尼龙带,最后用支索固定帐篷,免得风大时被吹坏。

搭帐篷的学问

搭建超轻便帐篷

这种帐篷特别适合那些连续数日甚至数周在野外跋涉的专业驴友——对他们来说,帐篷的重量能减则减,甚至有人会为了再减少一点分量,只带上一张遮雨篷和几根搭棚子用的撑杆。不过,考虑到这种帐篷的重量已经很轻了——几乎和一袋糖差不多,对于大多数人来说,就不要走极端了吧。

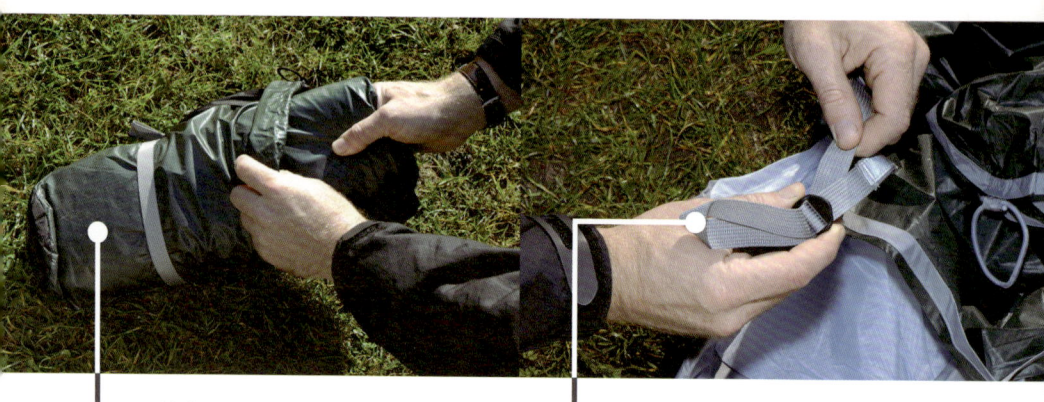

1 首先从袋子里拿出帐篷。外帐与内帐是连在一起的,这种设计在雨天特别有用。

2 在插上唯一的支撑杆前,记得先将帐篷四角的尼龙带放松。拆帐篷时也别忘记这个步骤。

3 接上支撑杆,对接的时候要小心,不要把弹性绳拉得太紧。

4 配套的撑杆两头没有区别,随便选一个方向,将支撑杆慢慢插入布槽即可。

5 | 将支撑杆的一端插入尼龙带上的不锈钢孔内，不要用力拉撑杆，否则会从中间断开。

6 | 现在可以固定外帐的一侧了。在固定的时候要先将支撑杆放倒，然后拉起支撑杆再去固定另一侧的外帐，整个帐篷就立起来了。

7 | 最后用支索固定帐篷。如果没有带砸钉桩的锤子，用石头也可以代替。

架天棚

炎热的夏日,如果你不想窝在闷热的帐篷里,可以只用防水篷布搭一个天棚来代替。简简单单的一大块方形尼龙篷布,一对对角用两根撑杆撑高,另一对对角则用钉桩和支索拉紧即可。你甚至可以连撑杆也不用,只需将篷布四角绑在位置合适的树上。尽管架天棚很简单,但两个人一起操作会比自己弄方便得多。

1 篷布既不会占地方,也没有多重,放在行李里毫无难度。撑杆通常需要单独购买。

2 将撑杆插入篷布对角的固定带中,最好让另一个人帮你拿住。

3 相对的对角插入另一根撑杆，将篷布撑起来。撑杆应稍向外倾斜，这样更稳固。完成之后，拉好第二条支索。

4 用尼龙绳将支索固定在旁边的树干上（参照82页结绳方法），也可用钉桩将支索固定在地上。

5 搭好的天棚应该如上图的样子。天棚可以遮阳，下雨时雨水则会顺着布角流下。你可以在天棚下使用户外灶具（注意不要让火焰接近篷布），但绝不能点篝火。

常见问题与解决办法

搭帐篷并不难,但这并不意味着每次都能做得完美无缺。大多数情况下(比如帐篷底没有铺平)这算不上什么。但如果天气预报有雨或者大风,你的帐篷将会经受严峻的考验。如果内外帐搭合得不整齐,就会相互接触,雨水可能会渗进内帐;如果支索和帐篷四角没有拉紧,帐篷则可能在大风中摇晃,甚至被吹倒。怎么才能避免这些问题呢?

外帐没有展平

产生问题 这顶山地帐篷的外帐没有展平,使得外帐底部与地面之间产生缝隙,在强风或大雨中容易出现问题。

调整方法 拉紧调整带,调节外帐的高度,拉紧外帐,减小与地面间距。

效果 现在外帐上的褶皱已经消失,这才是它应有的样子。这样帐篷的强度才能达到其设计的要求。

帐底不平

产生问题 帐底出现褶皱意味着帐篷没有完全展平,作为一款轻型帐篷,这会使其使用面积变得更小,而且还意味着帐篷没有达到完全稳定的状态。

调整方法 调整对角的两根连接带,拉紧支撑杆。

效果 拉平的帐底面积最大。对于一顶小号的帐篷,这点区别将意味着你睡得是否舒服。

支撑杆不对称

产生问题 这顶通道帐篷支撑杆的撑地点不在一条直线上,因此帐篷没有拉直,外帐出现褶皱,帐篷的宽度也不到正常值。

调整方法 调节支撑杆套筒所在的连接带,使中央支撑杆的撑地点与两边的成一条直线。这些连接带控制着帐篷的宽度,将连接带拉紧,可以使帐篷的宽度达到最大。

效果 中央支撑杆和其他两根平行,帐篷上的褶皱也消失了。内帐的帐底变平了,内帐的宽度也达到了最大。

结绳有道

若论结绳的技巧,当属航海高手为最佳,不过以此来要求我们野营爱好者是太偏颇了。我们只需要掌握其中一点点常用的结绳方法,就可以为解决宿营问题提供诸多方便,譬如搭天棚、搭吊床、系紧支索,等等。这里只介绍4种结绳法,供你在闲暇时练习。注意,请用真正的绳索,不要用线。一来线太精巧,二来太细了,连你自己都分辨不出结成的节到底是个什么样子。

渔人结

主要用来连接断成两截的支索。渔人结可以把两段粗细、材质不同的绳索连在一起,而且相当结实。类似的结法还有缩帆结(reef knot),但缩帆结必须在绳索拉紧时才结实。

拉绳结

用于支索,这是一个可以调节的绳环,便于松开或者调节绳索的长度,以便保持支索绷紧。

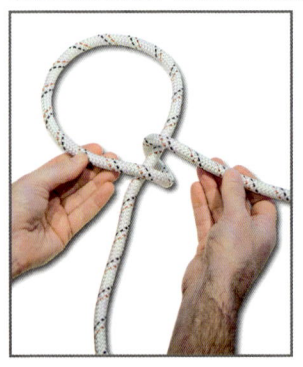

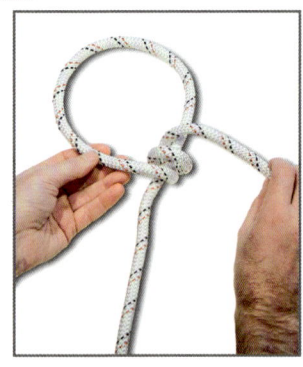

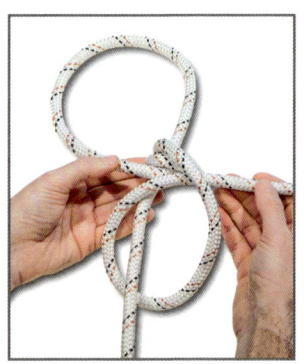

第一步:拿起绳子末端,先圈一个圈,然后将末端绕过去。

第二步:将绳子末端在绳圈上再绕两圈。

第三步:绳子末端再绕过绳圈后的绳子,并从形成的圈中穿过。拉动绳圈后的绳子即可调节绳结的松紧。

称人结

主要用于将绳子系在树干或封闭的金属环上,搭天棚时常用。

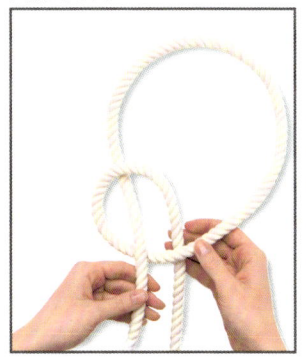 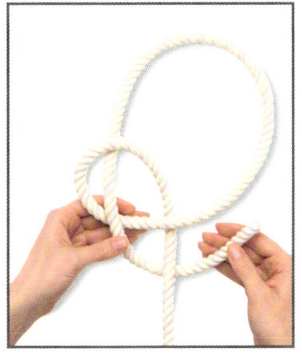 

第一步: 取绳子一段,长长的一截放在左手里,弯一个大绳圈,将绳子末端穿过绳圈。

第二步: 将绳子末端从绳圈中拉过,并从下面穿过大绳圈。

第三步: 绳子末端再从小绳圈中穿过,双手各持绳子一端,拉紧绳结。

丁香结

这也是很常用的一种结法,多用于将天棚支索固定在树干或桩子上。

第一步: 搭出两个并列的绳圈,每个绳圈都是右侧的绳子在上面。

第二步: 双手各拿着一个绳圈,将右手绳圈放到左手绳圈的上面。

第三步: 将两个重叠的绳圈套在桩子头上,拉动两侧的绳子,将绳结系紧即可。

关于做饭

在美丽的大自然环绕下享用现烹的美味，是野营最大的乐趣之一。了解野炊的一些基本知识会令你事半功倍。作为享用美食必需的一环，野外的"厨房"应该安置在哪里呢？如果天气晴好，任何空旷的地方都是合适的；如果下雨，就要寻找适当的遮蔽物。但是，绝对不能在帐篷里面做饭。你可以利用帐篷敞开的前厅部位，既有足够的通风，又能遮挡风雨。临时搭起的天棚也能起到同样的作用。此外，

- 如果是自驾游，可以把所有做饭的东西都放在一个大塑料箱子里，既拿着方便，做饭时还可以把塑料箱子翻过来作为料理台。

- 关于食物的冷藏。如果没有带便携冰箱，如何才能低温保存食物呢？如果你是背包一族，可以把食物浸在溪水里；自驾游的人则可随车带一个保温箱，有些宿营地可以提供冰箱，供你将冰袋重新冷冻（更多冷藏食物的方法见132页）。

- 折叠桌椅并不是必需的。它们需要临时拼装，还要注意保持清洁。如果没有带也没关系，围绕篝火席地而坐一样可以吃得痛快淋漓。

未开封的瓶子可以放在溪水中冰镇。

关于野生动物

蚊虫是野外宿营要防范的大敌,但相比小小的昆虫,体积更大的野生动物才是真正的危险所在。在不同地区会遇到不同的野生动物,对此你应该在出发前做些研究,做好准备。通常,野生动物光顾营地是因为它们受到食物的诱惑,所以一定要把宿营地整理好,正确处理废弃的食物和饮水,并把储存的食物放在安全的地方。很多野生动物都携带病菌,如果你真的被咬伤,一定要及时就医。

熊

在北美地区熊是不得不提的威胁。南美洲及部分欧亚大陆地区也有野生熊分布。熊跑得很快,棕熊还会游泳、爬树。它们嗅觉灵敏,并且十分聪明。美国一些国家公园曾建议野营者将食物挂在树上以躲避熊的骚扰,但这种方法现在已经过时,因为熊已经学会如何弄断绳子拿到食物了……在熊出没的地界宿营,以下基本规则必须认真遵守:

• 不要在茂密的灌木丛、水边或野兽小径附近宿营。

• 不要露天休息。

• 帐篷要远离做饭、吃饭的地方。

• 不要带食物进帐篷。

• 将食物放在专门防熊的箱子里。

熊极少主动向人发起攻击。万一你真的碰到动机不良的棕熊,要把大家聚在一起,因为熊害怕人多;同时还要尽量制造噪音,敲击锅盆,大声喊叫,争取把它吓跑。但记住一定要给熊留出明显的、可以逃跑的路径。

小型哺乳动物

这类动物行动迅捷大胆,如果你发现它们对你的营地感兴趣,一定要把食物保管好,不要在帐篷周围留下垃圾——老鼠、狐狸、浣熊都喜欢这类东西。臭鼬分布于北美、南美及亚洲,是一种夜行动物,也喜欢在帐篷周围寻找食物。它们可以从肛门附近的腺体喷出恶臭的毒液,最远可达3米。如果你发现臭鼬的踪迹,一定不要接近,因为它们有可能携带狂犬病毒。

蛇

蛇发起攻击通常是因为它们受到了打扰。尽管看上去很可怕,但毒蛇一般只有在自卫时才会咬人。在出发前先了解一下当地都有哪些种类的蛇,如果需要的话,带一套护理蛇咬伤的工具,但更重要的还是了解蛇的习性,尽可能避开它们。

如何采集饮水

我们都已经习惯了只喝自来水或瓶装水，对我们来说，直接饮用溪水是不可想象的。其实在大多数情况下，只要稍做净化，你就可以从大自然中采集到安全的饮用水。

・从溪流中取水时应该选择水流清澈而迅急处。

・如果是从湖中取水，须避开有动物出没的地点。如果有必要可以走进湖中取水。

净化水的方法：

煮沸　尽管有点麻烦，还浪费能源，但将水煮沸一分钟以上可以杀死几乎所有对人体有害的病原体。在海拔高的地区，煮沸的时间要更长一些。

过滤　用精细的滤网，依靠手工的压力就可以过滤掉水中的细菌和寄生虫，但对病毒无效。

化学处理　在水中加入碘或氯。温度越高反应速度越快，所以如果净化冷水，需要多放置一些时候。化学试剂处理过的水有一点怪味，而且对病原体的清除也不彻底，如，引起腹泻的贾第鞭毛虫就很难除去。

取水时要选择最干净的地点，并且净化后才能饮用。

营地维护

野营不是搭个帐篷那么简单，在户外过夜确实充满乐趣，但有时候也会遇到各种困难。当然，如果事先准备充分，那些小麻烦将变得不值一提，野营之旅也会成为真正意义的假期。

营地生活

生活在帐篷里对人来说是个受教育的过程。你需要吃饭、洗漱、保持干净、保暖,并且完成其他在具备现代便利设施的情况下通常要做的事情,但你现在却没有现代便利设施,并且,你"家居生活"的核心或许和住在大房子里截然不同,虽然野营的时候也可以看电视,但那似乎抹杀了野营的意义。所以,有大把的闲暇时光去打发,却没有一个盯着看屏幕的时间,你或许发现自己回到了人类的本真状态——互相娱乐。下面提供几点建议:

- 如果有一些人同行,把你们的帐篷搭建在一起,形成圆形或半圆形,创造一个可以碰面、一起吃饭的公共区域。

- 分担杂务会拉近你和其他野营人士的距离,也会帮你避免纷争。

- 把东西摆放得整齐有序或许不是人的本性,但在帐篷里这样做还是值得提倡的。扔在卧室地板上的衣服会在原地待着,但是扔在帐篷地面上的衣服会变湿。

- 尽最大努力保持帐篷内干净,准备好畚箕和刷子随时清扫。

- 把凉鞋或其他鞋子放在帐篷口。如果你喜欢光着脚四处走动,放一块旧毯子在那里擦脚。

太阳落山时,守着篝火暖暖的光,这是再惬意不过的事情了。

营地维护

保持干燥

事实上,遇到雨是野营中最大的乐趣之一。躺在温暖的帐篷里,蜷缩在舒适的睡袋中,听着雨水打在顶棚上的声音慢慢入睡,这是天堂般的感受。然而,这一切都要以帐篷和睡袋的干燥为前提。

第一条戒律

如果开车去野营,睡袋一般不会弄湿,但如果是背包旅行,保持睡袋干燥几乎就是第一要务了。

先测试

一定要记住,不要等下雨了才发现设备有问题或者自己的使用方法有不得当的地方。你也不用过分担心,只是在设备开始老化时检查各个部件是否完好,野营几天后检查一下搭建的帐篷是不是还结实。雨打在帐篷顶上是很浪漫的事情,可是雨浇到帐篷里面就令人头痛了。这里有几点提示:

- 把顶棚拉紧。这样,顶棚就不会下陷,以致让水流到帐篷里了。

- 只要发现有了破洞就要赶快修补。定期检查铺在地上的防潮布,看有没有小洞。

- 不要把水带进帐篷，不管是鞋子上的还是衣服上的。如果你浑身湿透，先把湿衣服放在帐篷外面。

- 要随时准备好每个人可以更换的保暖的干衣服。

- 如果是背包旅行，可以换洗的衣服大概就只有内衣了，这种情况下就一定要保持睡袋干燥。

- 万不得已时可在睡袋内弄干袜子或潮湿的保暖内衣。

- 保持营房整洁，意味着如果你出去时下雨了，你的东西不会被淋湿。

- 雨衣和雨伞在冲向卫生间的时候很实用，当然，凉鞋也一样。

雨伞要结实，能抵御户外的大风。

保持干净

说实话,不必那么强调干净。如果露营时都不可以邋遢一些,那什么时候可以呢?但是如果你真的铁定了心要干干净净,这里有几点提示:

• 许多露营地都有热水淋浴,但如果没有的话,可以到市场上买便携式太阳能淋浴器。

• 野泳是清洁去汗的好办法,但不要使用太多浴液。

• 外衣脏些无所谓,但内衣脏了却不行。天气暖和的时候可以在野外洗衣服,去趟自助洗衣店也是完全可行的。

• 一定要保持双手清洁。除菌洗手液非常有用,尤其是带孩子出行的时候。

洗手间问题

有些露营者喜欢去提供便利设施的营地,也许最大的原因就是那里有水冲厕所。但如果真的去"野"营,可以挖一个深坑作为厕所,或者到户外用品店买一个采取化学方法处理的便携式厕所。如果你蹲不下,可以使用设计巧妙的折叠式纸板厕所座位。这种材质的便厕可以循环再利用。如果你是背包旅行,挖一个6英寸深的坑,然后使用折叠式厕所。带上打火机,用完后将厕纸烧掉,纸必须展开一些才能点着。

洗不上泡泡浴没关系,用清凉干净的水洗洗脸也能令人神清气爽。

下厨

一想到没有现代生活的便利设施还必须下厨房，有些人就干脆放弃了野营的念头。但只要稍加准备，这些杂活还是可以掌控，甚至是充满乐趣的。在家里赖在沙发上不肯动手的孩子，到了户外可能充满了帮厨的积极性。如果是背包旅行，面对的是一样的厨房杂务，但你会惊喜地发现，要做的只是日常生活的缩小版而已。

- 如果有自来水的话，找个东西储水，这样你就可以少跑几趟。但是要记住：一升水重一公斤（2.21磅）。

- 如果没有自来水，就要依靠周围的小溪或河湖了。饮用水一定要净化过了的（见88~89页）。小孩一定要在大人监护下取水。

- 如果准备好了手套、碗和洗涤剂，洗洗涮涮的活儿就不那么令人厌烦了。可以带块擦拭巾将餐具擦干净，但是在户外自然风干应该是很容易的。

- 每个营地都有垃圾，这是因为不管人们多么小心，还是会留下点东西。一定要确保自己正确地处理了垃圾。

- 绝不要把吃剩的东西埋起来。动物喜欢挖掘，故餐后须将瓶瓶罐罐之类容器烧一下，除去那些具有诱惑力的残留。

带上自家的旧餐具，一次性塑料制品最后只能进垃圾填埋场。

营地维护

点火

与朋友或家人围坐在火边,体验人类自远古以来就有的活动,这是野营的魅力之一。在火边讲故事、烤棉花糖,或者只是望着火苗,都是非常惬意的事情。不是每个露营场所都允许点火的,有的地方即使允许,对点火的方式和地点也有规定。在野外,你要非常小心,别让自己的火势蔓延。以下提供些意见仅供参考:

- 如果野营场所允许用火,要找到哪些地方是允许的,有什么规定。

- 有些野营场所只允许用坑或火盆。

- 许多野营场所划定了点火的范围,通常用石头围成一圈来表明,这是露营者重复使用的点火区,你也要使用这些区域。

- 如果在树林里点火,一定要先把树叶和其他杂物扫除干净,直到看见地面才可以生火。

- 只能使用落在地面上的树枝,并且按需取材,不要多取。

- 不要在树枝、帐篷或防水帆布下面生火。

- 用过之后一定要将火完全熄灭,必要的情况下用水;用刚才清理地面时挖掉的东西将燃烧的灰埋起来。

圆锥形火是最典型的篝火,但一定要在安全的地方燃起来。

篝火的类型

野营时点火的原因无非有两个：一是为了娱乐；二是需要做饭。如果是后者，还需要用壁炉石或木头把锅支起来。在了解篝火的类型之前，先要知道篝火需要的三种材料：

- **火种** 可以是一把草、细树枝、桦树皮甚至是松果，任何又干又细的东西都可以。或者可以使用点火器或报纸。

- **引柴** 要用粗点的树枝，要非常非常干燥。看看有没有挂在树上的枯树枝，因为挂在树上的更容易干；厚纸板也有相同的功效。

- **木柴** 要用能够燃烧很长时间的粗树枝或圆木，如果在坑里点火，也可以用木炭。

动手点火

不一定非要点一堆可以判断出类型的火，先烧一点东西，再慢慢把火堆变大就行了。但是，这里可以推荐4种专业级的篝火类型。

圆锥形篝火（the tepee） 取一根做引柴的粗树枝楔进地面，树枝的末端要结实，将其他树枝倚靠它摆放，形成一个蒙古包的形状，中间要留些空隙能够把火种推进去。这样的火能够很快产生热量，也有余火，可以用来做饭。

西米诺尔篝火（the seminole） 用圆锥形篝火的方法先让火着起来，然后把三四根粗圆木从不同角度轻轻地推进火中，做成一个星星的形状。这种火能够燃烧一段时间，柴火不多的时候适合使用。

猎人篝火（the hunter's fire） 做饭的时候最需要这种类型的火，因为它烧起来很快，又能够尽快产生余火。如果还需要保暖，就要稍加改造，使它燃烧时间长一些（见104~105页）。

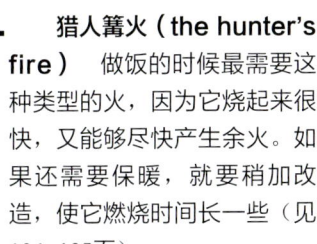

隧道形篝火（the lean-to） 这种火能够快速取暖，刮风的时候最适用。搭建时需要从树上取一根绿树枝，然后以一定的角度倾斜着揳进地面，这根树枝要与风向一致，埋在地里的那头儿迎风。这项工作完成后，在绿树枝两旁将干树枝摆成排，形成一个隧道，这样把火种从开放的那边放进去时就能起到保护作用了。

如何生火

猎人火能快速产生大量余烬，主要是设计来做饭的，但是也可以烧的时间长一些用作取暖。两边的粗圆木是支撑锅用的，如果希望晚上围坐在火边，可以用粗些的引柴，或不断加柴火。虽然需要很多柴火，但你会感觉乐在其中。

1 首先平行摆放两根粗圆木，当然，摆成V字形也是可以的，只要能支撑住锅就可以。

点火

丛林谋生技能中有许多点火的方式，但多数露营的人都不愿意跟打火镰或者放大镜较劲。要想轻松点火，可以用打火器，或者用鸡蛋盒子和纸一类的东西加上些树枝、干草做火引，用火柴或打火机点燃。如果露营的地方有风，最好使用防风打火机。多准备一个备用。

2 开始在两块圆木之间一层层地搭建树枝，每一层要和上一层垂直摆放。随着树枝越垒越高，可以将火种放在中间。

3 | 可能会需要四五层甚至是六层树枝，取决于树枝多粗和需要多少余烬来做饭。

4 | 整个结构搭建好后，可以点燃底下的火种。树枝间的缝隙能吸进空气来，这样就有了风，能够助长火势。

5 | 这种开放的引柴结构能够很快燃烧。火旁边的圆木是会点着的，但是圆木越粗燃烧越慢。

6 | 这堆木柴烧完塌下去后，就可以用余烬来做饭了。如果需要取暖或者围坐在火边，可以在之后加进粗些的圆木。

驱虫

昆虫的种类有几百万,有几只在你身上做些不愉快的事情是不可避免的。值得庆幸的是几乎所有的蚊虫叮咬带来的不适都是短暂的,尽管会有些特例。预防总是要胜过治疗,但也要对一些危害性高的虫子有所了解。

蚊子

在有些国家,蚊子携带能够导致疟疾的寄生虫。如果在不熟悉的国家露营,先了解一下蚊子在那里可能造成的传染病,然后提前寻求医生的帮助。

蜱

这种大头针针头大小的生物下巴功能很强大,能够锁定在你身上吸血。大约一天之后,被叮的地方会肿成豌豆大小。蜱携带病菌,能导致莱姆病。这种病虽然可以用抗生素治疗,但如果没有及时诊断出来,后果就严重了。如果被蜱咬了,用力抓住这虫子,越靠近下巴的地方越好,把它从身上拿开,放进容器内,以备万一以后检查时用。如果叮咬过的地方3天至一个月内起了皮疹,一定要到医院检查。

驱虫剂的使用

• 许多人使用基于避蚊胺的驱虫产品,避蚊胺是美国军方为了丛林作战而研制出来的,但是特别小的儿童或者受损的皮肤不能使用避蚊胺。另外,避蚊胺有溶解力,可能会破坏衣服,因为许多户外用品的面料都是由石油化工类产品制成的纤维。

• 香茅油(Citronella oil)能够有效地替代避蚊胺,但必须经常涂抹。

• Odomos驱蚊霜是基于印度阿耶维达(ayurvedic)疗法的驱蚊产品;还有雅芳的Skin So Soft身体喷雾,虽然不是专门设计来驱蚊的,但也能赶走摇蚊和蠓一类小虫。这两种是经过实践检验了的有效驱蚊产品。

• 浸入了驱蚊产品的服装也不错,但随着清洗次数的增多,驱蚊效果会越来越差。

• 如果被蚊虫叮咬之后有过敏反应,不要忘了带上相应的药品。

急救

我们会担心出大事,比如,摔断腿或者遭电击。但现实中更常遭遇的是些小小的不幸,如,擦伤、扭伤、皮疹和晒伤等。下页将讲述野营中最常见的不适及处理办法。

你的目标应该是大多数问题都能自己解决;你需要准备一个急救箱来帮自己实现这个目标。如果是背包旅行,因为有严重伤害的时候不能及时得到医疗救助,所以更应该仔细研究在野外需要哪些药品。

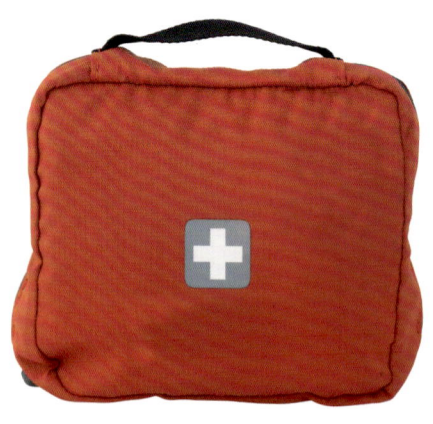

购置一个装备较为精良的急救箱,要最常见的事故都能够处理的。

水疱 是由于皮肤在某个表面上（如靴子）不断摩擦而引起的。所以要确保靴子合脚，穿上远足袜。如果感觉就要磨出水疱了，停下来检查一下相应的部位；如果已经起了水疱，用针尖挑破，然后涂上胶状敷料以保护患处。

瘀青 通常是由摔跤引起的。如果受伤的部位痛感较强，要放点冷的东西，如，敷一块儿湿的冷毛巾。

抽筋 经常由脱水引起，脱水还可能导致中暑，那就更严重了。抽筋时绷紧受影响的肌肉以缓解疼痛；天气炎热时用点补液盐，或吃些盐焗干果。海拔较高的时候脱水会变得更加严重。

擦破 要将所有脏东西和小颗粒用清水和消毒药膏洗净，伤口较深时要包扎。

晒伤 在海拔越高的地方越严重，但不管在什么地方，都要涂抹防晒霜。

植物刺伤或烧伤 可能会很严重，须学会辨认带有有毒化学物质——漆酚的植物并且远远躲开。用冷水清洗刺伤或烧伤部位，可以涂抹甘菊药液，或者，在更为严重的情况下，涂抹氢化可的松药膏。

野泳

在秀美风景的环抱中游野泳,这样的经历可能终生难忘。无论是在海滩过夜之后早晨跳进大海畅游,或者一天艰辛跋涉后扎进山间的湖泊,在户外游泳能够给所有的冒险旅程增色。但在一头扎进水里之前,一定要考虑清楚下面几点:

- 只有在你行事鲁莽的时候野外游泳才是危险的。花点时间了解一下那个地方的地理状况、潮汐和暗流。

- 不要独自游离岸边超过100米(300英尺)。

- 如果不经常在户外游泳,应该循序渐进。横跨河湖或许听起来是个壮举,但是游到一半的时候发现体力已经耗尽可不是闹着玩的。

- 如果水特别凉,下水时先呼气,这样就能很好地避免胸腔遇水收缩时的过度换气。

- 如果打算尝试裸泳,请事先考虑周全。

扎进水里确实会令人振奋,但一定要小心强水流。

免费的野餐

靠野果儿维持生命很难实现,那需要专业水平,但不妨小小尝试一下。蓝莓、山莓、黑莓和野草莓你可能很熟悉,但你却可能未在商店见过什么白草莓,那是因为几乎所有白草莓都有毒,所以要躲开它们。蘑菇也很具欺骗性,所以别碰它们,或者咨询专家。尽管我们多数人都不会打猎,但钓鱼是可以的。用篝火余烬烤出来的新鲜鳟鱼简直是上天赐给的美味,再配上野百里香、蒜或者酢浆草的味道就更不一般了。但是要考虑下面几点:

- 只吃自己能够确切识别的东西。

- 考虑生长地。地生的蘑菇会生长在田野里,如果有的蘑菇看起来像是地生蘑菇,却长在树林里,那就有可能是致命的毒蘑菇死亡帽。

- 可能当地对打猎和钓鱼会有一些规章或者要求,所以一定要先弄清楚。

- 用新鲜薄荷叶泡制的荷茶味道是最好的,但总体上说,够自己喝就可以了,不要过度采摘,植物也需要存活。

打包的时候带上根鱼竿,幸运的话,你能捕获自己的晚餐。

观天象

生活在户外，天气对我们来说变得更加重要。学会识别天气是门有用的艺术，尽管你还是要关注专业的天气预报。读懂天气不仅实用，还能令人感觉到与自然融为一体的充盈与博大。这个星球上的风向、云彩、湿度和温度处在不断地变化之中，简单学习一下你就能预测所处地方的天气。

好天气的征兆

卷云 是细细的、丝丝缕缕的云彩，由6600余米（约2万英尺）以下的冰晶形成。它们的形状随着风向而变化，一般情况下预示着好天气。

积云 是那种美丽的、大朵大朵的白云，是由于夏天暖空气上升引起空气对流而形成的，但积云有时也会预示坏天气。

高积云 形成的海拔比积云要高，在天空中形成一种千万条鲭鱼在游动的景象，是好天气的象征。夏天高积云可能预示着暴风雨。

坏天气的征兆

积雨云 是暴风雨的前奏。这种云底端接近地面，但上面直冲入天空，形成明显的砧状云头。随着积雨云发展变大，它变得很不稳定，还会产生雷电。

高层云 是由于空气大面积上升并凝结而形成的。这样的云一般在6600余米（约2万英尺）以下的天空形成，能够产生降水，并预示能够带来雨雪的新的天气锋面。

卷层云 是冰晶在高海拔地区形成的层层云彩。卷层云的厚度可能达到数百米至上千米，但还是透明的，有时它们在太阳或月亮周围形成光晕。

乱层云 是温带地区常见的厚厚的灰色云彩。这是密度很大的雨云，形成于3330余米（约1万英尺）以下的天空。

仰望星空

现代生活的矛盾之一，是我们对宇宙了解得越多，而大多数人能够亲眼见到的却越少。这都要归咎于光污染。所以野营提供了重新认识夜空的绝好机会。

变化的天空

你所看到的一切会因为季节和晚上观测时间的不同而变化。虽然恒星年复一年是在同一个地方，月亮和行星的位置却在不断地变化之中。除非你位于赤道附近，否则地球旋转时在天极周围的星座永远处于地平面以上。这种现象称为拱极。现在电脑软件能够预测任何日期、任何时间的夜空，但野营的时候也可以使用一种叫作天体平面图的图表。

适应黑暗状态

晚上人的眼睛会更加敏感，但这种"黑暗适应性"需要慢慢建立起来。开始时允许眼睛有10分钟的时间来适应；可使用带有红色过滤器的手电筒来保证晚上的视力。不需要多专业的设备，一本好的天文学入门指南就可以了。双筒望远镜能够帮你观测到月亮上的更多细节，也能使其他可见的行星更加清晰，但是一双肉眼已经足够了。

银河在晴朗的夜空中华美尽现。

你可能会看到什么

你所观察到的东西当然要取决于自己所处的方位,有些恒星,还有红色火星、金星、土星和木星这类行星,在赤道北部和南部都可以看到,但北半球和南半球都有自己的星座,尤其是在两极周围。

找到北极星

在北半球,找到北极星是确定方位的第一步。北极星离北极不到一度,虽然它不是最明亮的,但它离地轴的位置永远不会改变。找到北斗星(见右图),找到勺口的两颗星,将它们之间的距离延长5倍就能找到北极星。北极星是小熊星座中最亮的一颗星星。

找到南天极

在南半球,虽然著名的南十字座不是天空中最显眼的,但它规则的方块形非常容易辨认,能够指向天极。把南十字座的长轴延长5倍就是南天极,南天极那里没有任何突出的星星。再提供一个大致的辨认方法,南天极与老人星(Canopus)和阿却尔纳星(Achernar)这两颗明亮的星星组成一个三角。

北斗七星勺口的两颗星会将你引向北极星。

阅读地图的技巧

识别道路的方法有很多种,从看街道路牌到直接问路,但都比不上一张好地图。学会读懂地图,不但可以让你不必依赖他人指引,还可以帮助你更好地了解当地的地理与历史。

让地形图引领你走出困扰。和旅游地图不同的是,地形图能够显示更多细节,能告诉你森林和水都在哪里。等高线标示出地面是陡峭还是平坦,以及将到达的地方海拔有多高;标记的小径告诉你是不是进入了禁区;地图的标尺使你能够判断距离。将阅读地图的技巧和使用指南针的能力加起来,你就能够在不知名的地方找到方向了。

把地图装在防水的书包里,这样不管什么天气都可以使用。

探索户外的几点建议：

出发前折叠地图，把相关区域露在外面，装进地图包的时候把自己要去的方向放在最顶端，你会发现这样更容易读懂。

地图是纸做的，遇上雨就会变得软塌塌。用个地图包或者购买塑封或塑料的地图。

地图能够显示远足时要穿越的地形。要学会将地图上标注的信息与自己亲临的一切相比对。

判断行进过程中有多少上坡路。上坡路太多会延长行进时间并增加行走的难度。

位于高处时，花点时间研究一下眼前的地貌和地图上相应的信息。

即使没有地图，也可以用指南针确定方向。

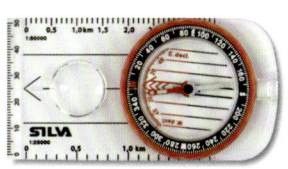

雨天的启迪

露营总会经历遇到雨的情况,但这不是世界末日的到来,而是放松、娱乐、闲聊和思考的大好时机。如果你已经把装备整理妥当,那么只有圣经里的大洪水才能冲掉你野营的乐趣。翘首期待日出的时候,这里给你提供几点建议:

- 确实是下雨了,但是天气冷吗?冲进去的时候就会发现夏天的阵雨其实没有那么糟糕。穿上雨衣出去走走吧!

- 雨天冲浪是最理想不过的了,雨天里游泳几乎是一样过瘾。反正都会湿透,干吗不主动投身其中呢?

- 找个自助洗衣店洗衣服。

- 赖在床上打盹,听着雨点打在帐篷顶上的声音,等着壶里的水烧开,这是天堂般的感受。

- 遵守3天规则。如果3天了,还是除了雨就是雨,你有资格得到旅店的一间客房——或者干脆回家。

乌云背后可能真的藏着彩虹哦!

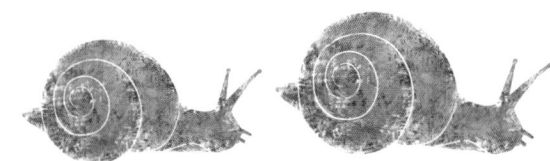

带来无限乐趣的事情

　　野营的真正乐趣不是支起帐篷烧火做饭，生活在户外能让我们洗心革面，过上更加健康阳光的日子。如果床比较舒服，你会睡得更好，也会减肥。最重要的是，你将有机会做些以前从未尝试过的好玩儿的事情。露营省下了钱，意味着你有了资金来尝试一些向往已久的户外运动，不管是攀岩还是漂流。背包旅行意味着你能够比以前任何时候都更全面地了解某处风景。重要的是，露营能够使你放慢脚步，花点时间看看周围。这里列举一些可以做的事情：

- 看鸟
- 认识各类花和昆虫
- 钓鱼
- 捉迷藏
- 放风筝
- 球类运动
- 摄影
- 篝火边讲故事
- 追踪动物
- 寻宝
- 爬树
- 瑜伽

在沙滩上一起踢球，不需要花钱且乐趣无穷。

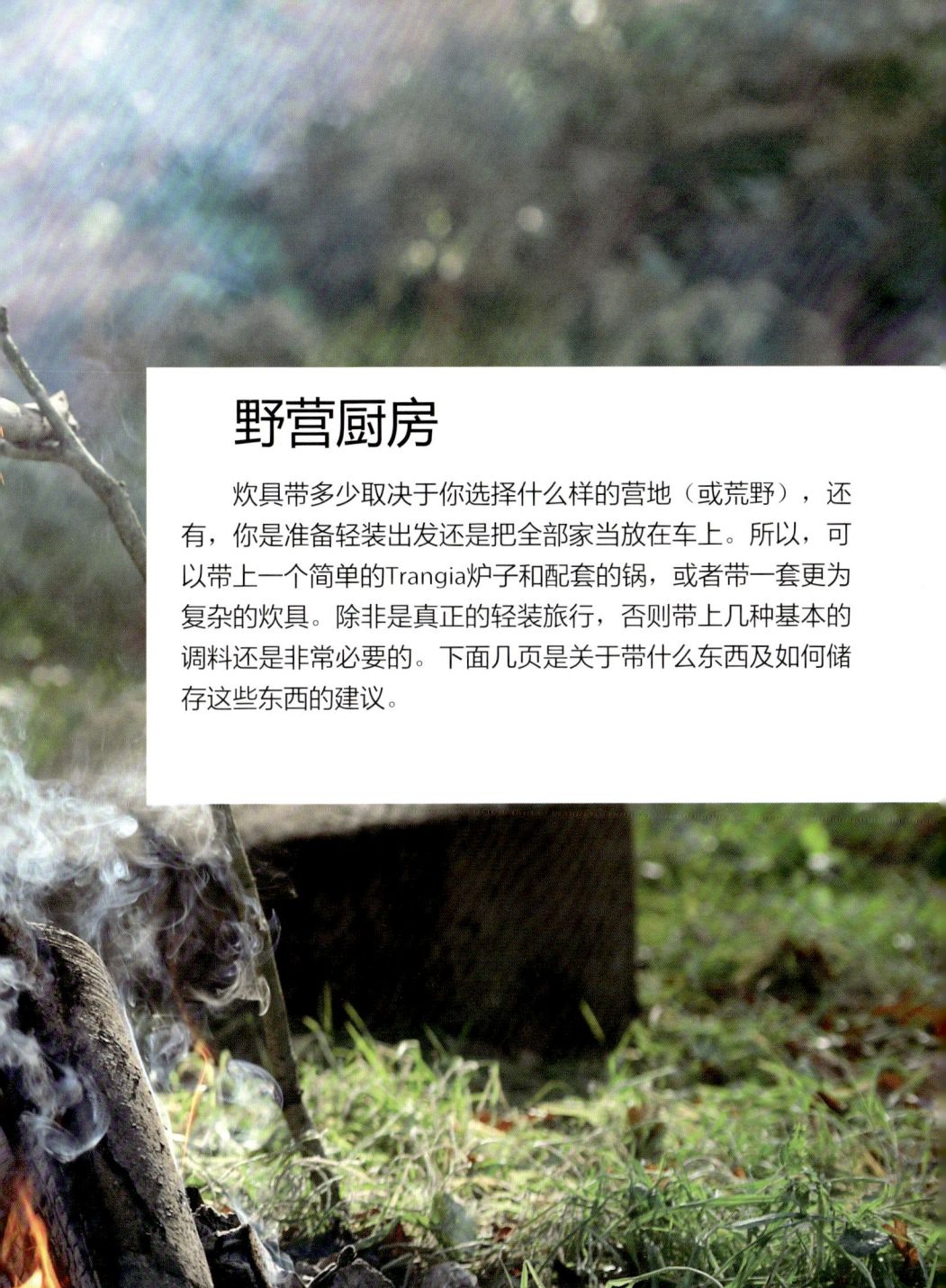

野营厨房

　　炊具带多少取决于你选择什么样的营地（或荒野），还有，你是准备轻装出发还是把全部家当放在车上。所以，可以带上一个简单的Trangia炉子和配套的锅，或者带一套更为复杂的炊具。除非是真正的轻装旅行，否则带上几种基本的调料还是非常必要的。下面几页是关于带什么东西及如何储存这些东西的建议。

厨房必备

你的野营厨房可以非常简单，也可以十分复杂，一切都按照自己的意愿来，下面列出的设备仅供参考。这是些最基本的厨具，凭借它们可以做出后文中列举的美食。当然，你也可以添些设备，或者按照自己的喜好删减。

炊具

只要不是背包旅行，下面这些东西最好带上，这样就能烧出热饭热水，还能做出连自己都惊叹的花样美食！

炉子加上气或火柴（火柴盒要放在密闭的容器内，如带盖的罐子。）

两个带盖的平底锅，最好是不粘锅（容易清洗）。

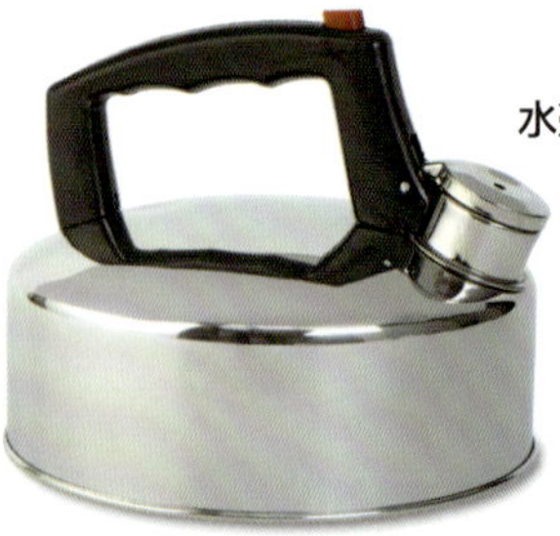

水壶

一个大煎锅或炒菜锅（如果可能的话，带不粘锅）。

餐具

带上不易打碎的餐具。下面这些东西保证至少一人一份：大茶杯、有边的大盘子、碗、刀叉、勺子、茶匙和酒杯。

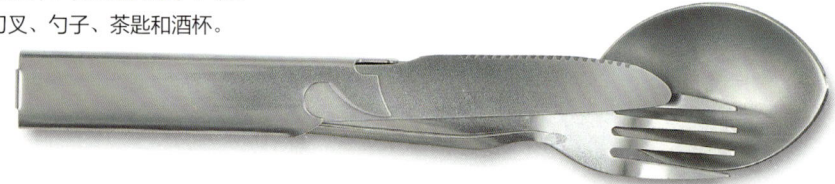

其他用具

除下面列举的这些外,你还需要:一个大冷藏箱和若干保冷包、盛水的容器、开罐器、带盖的干净玻璃罐(混合腌泡汁和调料用)、锡纸(用来包裹食物以便烧烤、带盖深平底锅或做熟了的食物)。

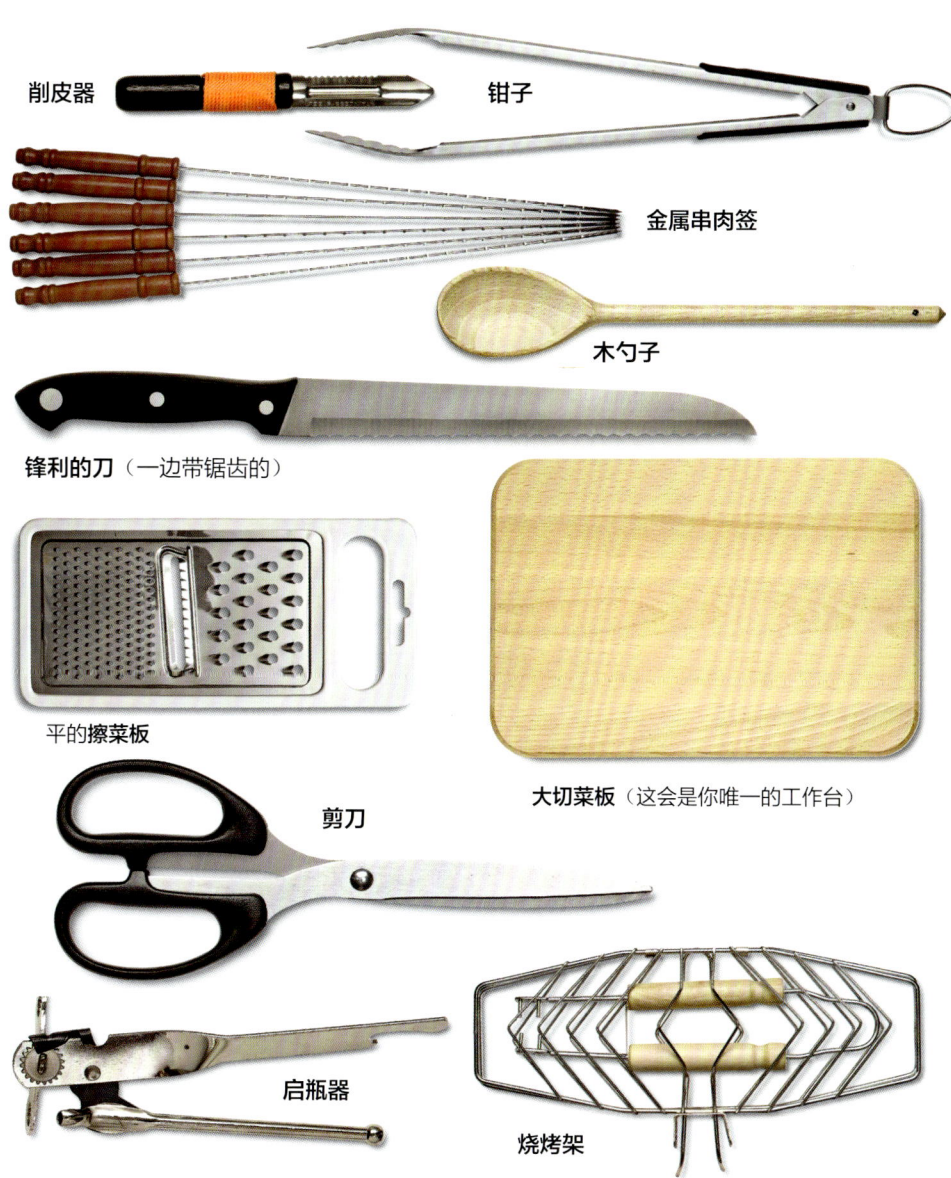

调料

为了让野炊更加舒适,你应该带上一个小食品柜,装上平常经常使用的调料。但要记住,食品柜里的装备要适合野营。

要容易出味儿 最好带上几种味道重的调料。这些调料能让最普通的食物瞬间变得刺激食欲。把需要的调料倒进干净的玻璃罐,盖上盖子猛摇几下就能快速做出腌泡汁或蛋糊糊。即使是油、香草和意大利香脂醋这种最简单的组合,也能为你烧烤架上的美食增色。

要快速 你可能非常幸运,附近能很方便地买到新鲜蔬菜和水果;但如果买菜不是那么容易,罐头食品就显得非常有用。也要记住,身在户外会使大家食欲大增,所以尽量选择不需要太费事或者大家都能帮忙准备的食物——这样才能确保野营的快乐不变味。

要简单 把下面这些调料放进小盒子里,你就装备齐全了。为了减少重量和体积,可以把原包装扔掉,把自己需要的东西装进轻巧、容易携带的食品袋。

盐和胡椒(放在密封容器里防潮)、混合香草、橄榄油、葵花籽油、一管蒜泥、一管芥末、一管番茄泥、意大利香脂醋(放在能喷的小瓶子里,烧烤或者做沙拉用)、浓缩固体汤料、塔巴斯科辣沙司、柠檬汁(瓶装的就可以了)、鱼罐头、番茄罐头及成罐的开胃小菜——烤茄子、洋蓟、辣椒或西红柿干,小罐的咖喱酱或咖喱粉、几听或几盒超高温处理的椰奶、牛奶和酸乳酪、帕尔玛干酪、大米、面条、粗麦粉、成包即食杏仁、肉桂粉、液状的蜂蜜、枫糖浆、鸡蛋、蛋糕现料。

盐和胡椒是调味必需品,带上几个轻巧的餐桌、小佐料瓶来装这两样调料。

食物保冷

野营时生鲜食品冷藏是非常重要的。如果肉、鱼或奶制品在加工之前没有冷藏,就可能出现食物中毒。这是很严重的事情。如果露营地设施齐备,可能会有冰箱来储存这些东西,但多数露营者都必须带冷藏箱。

用冰袋 在冷藏箱里多放几个冰袋,温度越低越好,记住冰袋要每天重新冷冻。

"冻牛奶"方案 出发前的周五晚上冻上一大盒牛奶,放到冷藏箱的底部。周末牛奶会很好地解冻,给周日早餐的麦片里提供冷牛奶。同时,冻牛奶又可以做大冰块,让冷藏箱保持低温。

买一袋冰块 冰块超市里可以买到,买鱼的时候卖鱼的人也可以给你。

用河水 用河水给瓶子保冷非常有效,但一定要把封紧口的瓶子和盒子放在网兜里,拴在浅水处的大石头或树枝上,别让你的宝贝吃的被水冲走了。

冰袋 能使装满食物的冷藏箱保持数日低温。

食物保温

食物做熟或重新加热之后需要在上桌之前保温——尤其是必须在一两个灶上做几道菜的时候。但只要按照下面这几条简单的建议去做,就能确保大家都吃上热乎乎的饭菜。

用布和报纸保温 把平底锅盖上盖子放在报纸上,锅盖上面再盖一条毛巾。这样锅里的东西能足足保热20分钟。

浇上热辣酱汁 上桌之后煮过的蔬菜会很快变冷,可以给菜上面浇上热辣酱汁。这样也能很好地调味。

做一个"保温"箱 冷藏箱也能够用作保温箱,就像热水瓶可以用来给牛奶保冷一样。用火上的热气熏一下冷藏箱,把锅放到里面,再盖上盖子。

用保温杯 如果在准备其他调料的时候需要给某种半成品保温,可以放进保温杯里再盖上盖子。

就座候餐 上菜之前让大家都入座准备好,这样就没有人吃冷饭了。

保温杯 是热饮料、汤和调料的好伙伴,记住把口封紧以达到最好的效果。

野餐菜谱

你是不是注意到了,在野外什么东西都格外可口?沐浴着新鲜空气下厨、进餐是野营的一大享受,不管是在野营炉上做一顿营养丰富的早餐,在篝火边烤上一条鲜鱼(自己刚刚抓来的),还是热一热家里带出来的炖菜。下面是一些令人难以抗拒的野餐菜谱,有的是用炉子做的,有的是用篝火做的,有的是家里做了带出来的。

注意阅读这些标记: 用篝火做的　　 在平底煎锅里做的　　 在深平底锅里做的

野营炉做菜

以下这些食谱都是露营者实地创造出来并检验过的。他们深谙野营炉的功能,知道怎么做出来更有味道。许多菜都是一锅出,能够在单个炉灶上做。看看每道菜旁边锅的标志,那里指出了这道菜是需要一口锅还是两口锅。不管你用一个、两个还是三个炉灶,在野营炉上做饭并不难,但是下面这些基本的安全问题你一定要注意。

最重要的规则 永远不要在帐篷里做饭,以免着火。炉子要离开帐篷一段距离,如果需要遮挡的话,支起一个防水帆布罩。恶劣天气里挡风板再有用不过,但是在距离干木头或干草近的地方一定要非常小心。一定要熟悉如何关掉煤气并确保自己随时都能够得着燃气阀。

力求简单 尽量不要制造太多需要刷洗的杯盘,如果犯懒的话,给每人 把叉子直接从锅里吃就可以了。比菜品样式更重要的是,菜量要加大——在户外消磨这么多时间让每个人都食欲大增,所以要比在家做的菜量大。重在享受这一过程!

早餐大杂烩

开启一天全新旅程的绝佳办法。在野营炉或篝火上用大平底不粘锅做这道菜。

4人份。
烹饪时间 **20分钟**。
煎炸用的一点黄油或油、
8个香肠、
4薄片培根（剁碎）、
一把香菇、
几个小西红柿、
4个鸡蛋（打碎）。

1. 香肠炸10~15分钟，然后加进培根，煎到培根变脆。

2. 加进香菇和小西红柿直到变软。

3. 把所有东西从锅里盛出来，放几分钟。

4. 在锅里再放些黄油或炒菜油，锅热之后倒进鸡蛋。

5. 一分钟后倒进香肠、培根、香菇和小西红柿，把它们压进鸡蛋里面，小火慢慢煎，直到表层凝固在一起。

6. 翻倒在盘子里，配硬皮面包或吐司一起吃。

如果不吃肉，可以选用素食香肠，与香菇、小西红柿一起煎些非常小的土豆块。

西班牙式煎蛋饼

这个经典食谱里可以加进你喜欢的其他任何蔬菜。

4人份。
烹饪时间 **10分钟**。

8个鸡蛋、

盐、胡椒粉和混合干香草、

1汤匙黄油、

1个洋葱（切碎）

1个甜椒（切碎）

2个蒸土豆（切成1cm的小块）、

2个蒸胡萝卜（切成1cm的小块）。

1. 鸡蛋打碎，放盐、胡椒和混合香草。

2. 在不粘煎锅里放黄油，煎洋葱和甜椒，直到变软；放进其他蔬菜，再煎一分钟后放进鸡蛋；盖上盖子用小火慢慢煎，直到鸡蛋外层变硬。

3. 将煎蛋放进盘子里，焦黄的部分向上，切成小块。

这道菜可以用蔬菜罐头代替新鲜蔬菜，但一定要先把水分排干。

辣椒鸡蛋

速食晚餐，早餐也可以，辣椒很出味道。

4人份。

烹饪时间 **15分钟**。

1个大洋葱（切碎）、

1个青椒（切碎）、

1汤匙油

2瓣蒜（剁碎）或1茶匙蒜泥、

1~2茶匙辣椒粉或1~2茶匙塔巴斯科辣沙司、

2听400克（14盎司）的西红柿酱罐头、

4个鸡蛋、

4汤匙奶酪（打碎）和一些新鲜西芹（切碎）。

1. 在油里将洋葱和青椒煎到变软，然后放入蒜和辣椒。

2. 倒进西红柿，用小火开盖煮10分钟。在西红柿里"戳洞"，把鸡蛋打进去。盖上锅盖小火煎5分钟直到鸡蛋熟。涂上奶酪再煮几分钟，直到奶酪融化。

3. 撒上一大把西芹丁，配米饭、土豆或硬皮面包一起吃。

香肠豆子火锅

这道菜是一锅出,可以使用任何种类的香肠和豆子罐头。

4人份。
烹饪时间 **25分钟**

8或12个质量上乘的香肠、

1汤匙油、

1听400克(14盎司)的意大利白豆罐头、

1听400克(14盎司)的法国小芸豆罐头、

1/4茶匙干辣椒脆片或1/2茶匙塔巴斯科辣椒、

2茶匙芥末、

2罐400克(14盎司)的西红柿酱罐头、

盐、胡椒粉及一些新鲜西芹(切碎)。

1. 把香肠在油里煎熟,大约需要20分钟。把香肠从锅里盛出来,保温。

2. 将意大利白豆和法国小芸豆沥干水,同辣椒、芥末和西红柿(带汤)一起放到锅里,热透。

3. 把香肠纵切成两半,加上西红柿和豆子调料,加进西芹拌匀。

4. 配面包或米饭一起吃。

俄式炒牛肉丝拌面

配黄油，晚餐，10分钟能够完成。

4人份。
烹饪时间 **10分钟**。

2个大洋葱（切碎）、

2或3 大把蘑菇（切片）、

1汤匙油、

1汤匙黄油、

500克牛肉（臀肉或排骨）切成细条、

1大桶酸奶油、

500克（1磅2盎司包装的干意面）、

盐、胡椒粉及一些新鲜西芹（切碎）。

1. 在油和黄油里把洋葱和蘑菇煎几分钟，然后加上牛肉再煎几分钟。

2. 倒进酸奶油，调匀、保温。按照包装上的说明煮意大利面。

3. 在意面里再加点黄油，撒点西芹，同煎好的牛肉一起摆上桌。

肉丸蔬菜面

肝酱令这道菜口感独特且营养丰富。

4人份。
烹饪时间 **30分钟**。

做调料用：

1个洋葱（切碎）、

1个小青椒（切碎）、

2汤匙油、

2瓣蒜（切成末）或1茶匙蒜泥、

1/2 茶匙混合香草、

1罐400克（14盎司）的西红柿酱罐头、

1管新鲜奶油（或替代品）。

做肉丸用：

500克（1磅2盎司）牛肉馅、

1管鸡肝酱（或其他）、

1个洋葱（剁碎）、

1/2茶匙混合香草调料、

盐和胡椒粉，上桌时需要4大碗面。

1. 做调料：把洋葱和青椒同蒜和香草放在一起，小火煎约10分钟。

2. 加上鲜奶油，调匀、保温。

3. 做肉丸：把所有作料放在一个碗里搅匀，做成乒乓球大小的肉丸。用平底煎锅或深锅煎约10分钟，然后放进蔬菜。

4. 把肉丸和蔬菜一起再煎约10分钟。

5. 按照包装上的说明煮面、沥干，再搅拌到肉丸蔬菜中，上菜。

粗麦粉焖土耳其羊肉

一道热乎乎的菜,粗麦粉是羊肉的完美搭配。

4人份。

烹饪时间 **20分钟**。

1个大洋葱(切大块)、

500克(1磅2盎司)羊肉馅、

1汤匙橄榄油、

1个100克(3.5盎司)的小包装杏仁或葡萄干(碾碎)、

100克(3.5盎司)松子、

1茶匙肉桂粉、

2大马克杯粗麦粉、

1个蔬菜汤块、

盐和胡椒粉。

1. 把洋葱和羊肉在橄榄油里煎几分钟,边煎边把羊肉馅打碎。

2. 加上杏仁或葡萄干、松子和肉桂粉,保温。

3. 把粗麦粉放到碗里,倒进沸水,放进蔬菜汤块,搅匀。放置5分钟,然后加到羊肉里。

4. 盖盖,小火焖5~10分钟,需要的话再加点水。上菜之前再加点油,调匀。

地中海蔬菜粗麦粉

能够快速出锅,不需要任何新鲜原料。

4人份。
烹饪时间 **15分钟**。
1个蔬菜汤块、
2马克杯粗麦粉、
1罐油浸番茄干(沥干、切几刀)、
1罐油浸甜红椒(沥干、切片)、
1罐油浸洋蓟(沥干、切几刀)、
盐和胡椒粉、
1个柠檬(取汁)、
干辣椒片。

1. 用1.5马克杯的沸水融掉蔬菜汤块,加上粗麦粉放在一边,保温10分钟。水吸收完后加进沥干的蔬菜。

2. 在平底煎锅中用小火慢慢加热粗麦粉和蔬菜直到熟,用叉子加进调料、柠檬汁和辣椒片,搅匀。

3. 跟切成片的口利佐香肠一起上桌。

方便蔬菜咖喱

这个速成食谱中可用蔬菜罐头代替新鲜蔬菜。

4人份。
烹饪时间 **10分钟**。

2个洋葱（切大块）、

2个胡萝卜（切片）、

2个西葫芦或2个青椒或2个西红柿（或者都混合在一起，切片）、

2汤匙油、

2汤匙咖喱糊糊、

1听400克（14盎司）的鹰嘴豆（沥干）、

1盒或听400毫升（14液量盎司）椰奶。

1. 在油里煎洋葱、胡萝卜、西葫芦、青椒、西红柿或其他新鲜水果，直至变软。

2. 加进咖喱糊、鹰嘴豆和椰奶烧开，小火炖5分钟。

3. 配蒸饭或馕一起吃。

将这道简单的奶油咖喱菜品和一勺辣杧果或腌酸橙一起上桌。

蘑菇意大利调味饭

可能的话,用意大利阿波理欧米(arborio),但是如果没有这种米,可用任何长粒香米代替。

4人份。
烹饪时间 **20分钟**。
1个洋葱(切碎)、
1汤匙橄榄油、
2马克杯米、
1听牛肉汤加上足够的水(要能做出4马克杯热汤或同量的汤块)、
2罐或听混合蘑菇(沥干)、
1小桶帕尔玛干酪、
盐和胡椒粉。

1. 用橄榄油煎洋葱直到变软,加进米搅匀,让米上都涂一层油,然后慢慢加进4杯牛肉汤或汤块。

2. 盖上锅盖慢慢炖,直到米饭做熟,菜收了汤。如果有必要,再多加一点水。

3. 加进蘑菇和意大利干酪,搅拌,按照口味加佐料。热透,然后上桌。

白葡萄酒或蔬菜汤块能代替肉汤。

金枪鱼西芹意面

超级快捷、经济实惠、口感新鲜的意大利面酱。

4人份。
烹饪时间 **5分钟**。
2瓣蒜（切碎）、或1茶匙蒜泥、
1大捆新鲜西芹（切碎）、
2汤匙橄榄油、
2听金枪鱼（排水）、
2个小柠檬榨汁、
半袋500克包装的意大利贝壳面、
1小桶意大利干酪、
盐和胡椒粉。

1. 在油里将蒜和西芹炒几分钟，加上金枪鱼和柠檬汁，保温；按照包装上的说明煮意大利面。

2. 把面捞出来，加上金枪鱼、西芹和意大利干酪，加盐和胡椒粉调味。

3. 搅匀，可根据口味再加点油，然后上桌。

鳀鱼番茄意面

色香味俱全的调味酱,可以搭配任何意大利面。

4人份。

烹饪时间 **5分钟**。

2瓣蒜(切碎)或1茶匙蒜泥、

2汤匙橄榄油、

2听400克(14盎司)的番茄罐头(剁碎)、

半茶匙辣椒片、

半小罐刺山柑、

1罐去核黑橄榄(沥干)、

2罐油浸鳀鱼(沥干)、

500克(1磅2盎司)一包的意大利干面条或其他意面

意大利干酪(碾碎)。

1. 在橄榄油中稍微炸一下蒜,然后加上西红柿、辣椒片、刺山柑、橄榄和鳀鱼,慢炖5分钟。

2. 调料保温,然后按照包装上的说明煮意大利面。

3. 意面沥干,浇上酱。

4. 搭配意大利干酪粉一起吃。

足量的蒜,再加上点辣椒。这份面酱会让露营者从里到外感到暖和。

什锦菜糊

这份豪华的假日版美食，几分钟就能完成。

4人份。
烹饪时间 **5分钟**。

1个大洋葱（切好）、

1汤匙橄榄油、

2瓣蒜（剁碎）或1茶匙蒜泥、

1罐油浸辣椒（沥干、切成条）、

1罐油浸西葫芦（沥干、切成条）、

1罐即食的油浸茄子（沥干）、

1听400克（14盎司）的西红柿（切碎）、

盐和胡椒粉、

一把磨碎的奶酪、

口利佐香肠（切片，可选）。

1. 在橄榄油里炸洋葱，直至变软，然后加蒜。

2. 加入辣椒、西葫芦和茄子，再加入西红柿，调味，然后焖几分钟。

3. 撒上奶酪，也可配口利佐香肠一起吃。

这道菜也可选用新鲜茄子、西葫芦和辣椒，与洋葱一起炸就可以了。

虾面

如果用冻虾,再加上5分钟的烹饪时间。

4人份。
烹饪时间 **5分钟**。

1个洋葱(切好)、

1个辣椒(切片)、

1汤匙油、

撮干的辣椒片、

2瓣蒜(剁碎)或半茶匙蒜泥、

250克(9盎司)大明虾、

酱油、

盐和胡椒粉、

1听(或盒)200毫升(7液态盎司)的椰奶、

1听200毫升(7盎司)的豆芽(沥干)、

4把鸡蛋面或米粉、

一大把香菜(切几刀)。

1. 在油里炸洋葱和辣椒,然后加上辣椒片和蒜,小火炒几分钟。

2. 加上虾,爆炒直至变色,加几滴酱油,然后放进椰奶和豆芽,烧开,保温。

3. 按照包装上的说明煮面,沥水。

4. 虾里面加上盐和胡椒粉等调味品,置于鸡蛋面或米粉上,上桌之前放些香菜。

如果是素食餐,可用蘑菇丁或别的蔬菜代替大明虾。

土豆西红柿煎黑鲈

这道菜程序简单,层次分明,是一锅出的理想菜肴。

4人份。
烹饪时间 **20分钟**。

2汤匙橄榄油、
1大个红洋葱(切成细条)、
4个土豆(去皮,切成细条)、
4个西红柿(切成条)、
1个柠檬(榨汁)、
1大杯白葡萄酒、
半罐腌刺山柑花蕾(可选)、
盐和胡椒粉。

1. 先往平底煎锅里放油,然后加上一层洋葱、一层土豆、一层西红柿,然后把鱼放在最上面,倒点柠檬汁、酒和刺山柑(如果需要的话),调味。

2. 盖上盖子,小火慢炖20分钟直到鱼做熟,鱼肉不再是半透明(也可用其他白色的鱼排来代替鱼肉,但要多炖5分钟,因为鱼排比鱼肉要硬)。

可用任何一种白色的鱼肉来做这道菜,如,海鲷、鲽、鳕科鱼、鲻鱼或罗非鱼。

鱼汤

这道菜再简单不过了，只需要一口锅，用任何鲜鱼甚至熏鱼都可以做。

4人份。

烹饪时间 **20分钟**。

500克（1磅2盎司）白色的鱼（去骨头、切块）、

1把未成熟的小蘑菇（切片）、

1把西芹（切段）、

1把小茴香（切好）、

1听400克（14盎司）剁碎的西红柿、

1马克杯干苹果酒、

2汤匙法国苹果白兰地（可选，但白兰地让人非常暖和，推荐）、

1马克杯鱼汤料（蔬菜汤料也可以）、

盐和胡椒粉。

1. 把所有材料放在大平底锅里慢炖20分钟，不要过分搅拌。

2. 加上调味品，配硬皮面包一起吃。

加上几小块土豆，让这份汤更加健康营养。

甜苹果煎蛋

这道菜老幼皆宜,做起来也很简单,可在苹果、梨、李子和香蕉等水果中选取一种或几种来做。

4人份。
烹饪时间 **20分钟**。
4个鸡蛋、
1小管炼乳、
2个苹果、
2汤匙黄油、
白兰地(可选)。

1. 鸡蛋磕开,放入大约4茶匙炼乳,然后打碎。

2. 苹果切成片,在黄油中慢煎,直到变软。

3. 加上鸡蛋糊糊,凝固后在煎锅里翻面。如果愿意的话,可以在上桌之前洒点白兰地。

把面包片浸在鸡蛋炼乳里,然后用黄油煎制,就能做出美味的法式吐司了。

软炸香蕉

蜜里调油,放纵一下自己吧!这道菜的原料非常容易找。

4人份。
烹饪时间 **5分钟**。
1包蛋糕现料、
鸡蛋若干、
1~2汤匙黄油、
1个香蕉(每人1个,竖着切开)、
适量枫糖浆或蜂蜜。

1. 把蛋糕粉中加入鸡蛋与水调和,但只放包装说明上1/3~1/2的水,搅拌出来的液体应该像很稠的颜料。

2. 将核桃大小的一块黄油放到平底锅里加热。香蕉浸到面糊糊里面,然后在热黄油里炸,直到两面都焦黄。

3. 热着上桌,淋上点枫糖浆或蜂蜜。

这道菜里可以把苹果或梨去核、切成片或把菠萝切成片来代替香蕉。

篝火烧烤

围坐在篝火或炭火边一起烧烤，大快朵颐，令野营充满乐趣。这节中介绍的菜谱简单易学，但一定要带足调料。遵守以下这几条简单建议，至少可以保证你烤出来的东西是可以吃的。

提早点火 这样，烧烤之前火的余烬或烧烤的炭就已经变白了——绝对不要在跳动的火苗上烧烤。正常情况下，这些菜谱中的肉要涂上腌汁在冰箱里放好几个小时才开始做，但很显然，野营时这样做不太现实。所以，菜谱中都建议，将肉在冷藏箱中腌制20分钟。

把握火候 未用过的腌制汁，不要一下子全部倒在做好的食物上，须试着加。一定要检查鸡肉、猪肉和鱼是不是熟透了，但如果是牛羊肉，做到还有些粉色时会更鲜嫩。

余火烤锡纸包全鱼

这道菜做起来很简单,锡纸能锁住全部调料的味道。

4人份。
烹饪时间 **14分钟**。

4条鳟鱼或1~2条够4人吃的大三文鱼(收拾干净,去掉内脏)、

1汤匙黄油、

2个柠檬(切片)、

1把香草料(百里香、牛至、罗勒、西芹或自选其他)、

盐和胡椒粉、

2汤匙橄榄油。

1. 在鱼肚子里放一小块黄油、几片柠檬、一点香草;然后加盐和胡椒粉;再把鱼身上涂上橄榄油,以防鱼粘在锡纸上。最后,包2~3层锡纸,一定要包严,避免汁水流出来。

2. 小心地把锡纸包放在闪耀的余火上(需要一把火钳)。把纸包放到灰里,但不需要完全埋进去。这样的鱼在烤箱里一般是15~20分钟做熟,但是篝火更旺一些,所以12~14分钟后检查一下鱼是不是熟了。

用这样的方法来吃自己抓到的鱼,既美味又能获得心理上的满足。

余火烤纸包蔬菜

不同的菜做法是一样的，可用菜谱中建议的菜，也可选择自己的组合。

4人份。
烹饪时间 **30分钟**。

红薯、豆角和培根

2块红薯（去皮，切成2.5厘米见方的小块）、

4汤匙橄榄油、

8片鼠尾草叶（撕碎）、

1把上好的豆角（掐头去尾）、

6片熏五花肉（切成2.5厘米见方的小块）、

盐和胡椒、

3~4勺水。

什锦菜风格

1个茄子（切成2.5厘米见方的小块）、

3个西葫芦（切成2.5厘米见方的小块）、

1个红色、橙色或绿色的彩椒（切成2.5厘米见方的小块）、

1个洋葱（切开）、

2瓣蒜（剁碎）、

2个大西红柿（切成2.5厘米见方的小块）、

2汤匙新鲜牛至（切好）、

盐和胡椒粉、

3~4勺水。

1. 把所有的菜放在碗里拌好，然后撕下4大张锡纸，重叠放置。把菜放在中间，加上水，然后小心地一层层包好。一定要保证完全裹住了，每层都包好，这样才不会撒汤。

2. 小心地把锡纸包放在闪耀的余火上（需要一把火钳），把纸包放到炭灰里，但不需要完全埋上。

3. 红薯或什锦都需要烤上20~30分钟，然后打开纸包，上菜。

烤辣沙司剑鱼串

篝火或炭火烤时要选择肉紧致些的鱼,这样才不会散落;要快速烤熟,但肉要保持鲜嫩柔软。

4人份。

烹饪时间 **8分钟**。

6汤匙橄榄油(另外还需要一些做润滑用)、

1个柠檬(取汁)、

4汤匙切碎的宽叶西芹、

1/2~1茶匙辣椒粉或塔巴斯科辣沙司、

4个剑鱼排(每个约225克重,去骨头去皮,切成2.5厘米见方的小块)、

2个橙色、黄色或红色彩椒(中间部分去掉,去籽,切成2.5厘米见方的小块)。

辣沙司

1把火箭菜或西芹(切碎)、

2瓣蒜(切碎)或1茶匙蒜泥、

8汤匙橄榄油、

4汤匙意大利甜香醋、

盐和胡椒粉。

1. 将橄榄油、柠檬汁、西芹、辣椒粉或辣沙司放在一个非金属制的大碗里,用叉子把这些东西搅匀。加上剑鱼块,轻轻地浇汁。在冷藏箱里盖盖子腌制20分钟。

2. 同时做辣沙司,把剁碎的火箭菜或西芹叶子、蒜、橄榄油和醋一起搅拌,放上盐和胡椒粉调味,放置在一边。

3. 将8根金属肉串签涂上油,把鱼和彩椒串起来。如果有烤架的话可以放在烤架里,然后在篝火或炭火上烤5~8分钟,或者直到鱼熟透,鱼肉开始剥落,与辣沙司一起上桌。

地中海式烤虾

这道菜可以使用冷冻虾,也可以使用新鲜的大明虾。如果用冻虾,需要多烤3-4分钟。

4人份。

烹饪时间 **8分钟**。

2汤匙橄榄油、

2个柠檬(榨汁,也可再加半个柠檬果皮)、

2瓣蒜(切碎)或者半茶匙蒜泥、

6片百里香,或者一小把西芹、罗勒或牛至(剁碎)、

几滴塔巴斯科辣酱、

盐和胡椒粉、

24只大个太平洋桃花虾或者大明虾(带虾皮或冷冻虾也可以)。

1. 把橄榄油、柠檬汁、柠檬皮和蒜放在一个大碗里。碗要足够大,能盛得下所有的虾。加上剁碎的香草料、塔巴斯科辣酱、盐和胡椒粉,然后拌匀。

2. 现在放进虾,在橄榄油里浸泡5分钟。

3. 用涂上了油的金属签子串起虾,放进大烤架里面。放在篝火上先烤一面,直到虾变成粉红色(约3~5分钟)。要让烤架在火苗之上,这样才不会把虾烧煳。

4. 翻转烤架,另一面再烤3分钟,直到虾通体都变成粉红色。

蜜芥末炭火烤鸡

鸡腿如果没有时间在腌制汁里浸泡,直接涂上调料也可以。

4人份。
烹饪时间 **30分钟**。

8个鸡腿、
120毫升(4液体盎司)橘汁、
60毫升(2液体盎司)意大利香醋、
1茶匙干牛至、
1/4茶匙新鲜黑辣椒末、
盐和胡椒粉、
1个蒜瓣(剁碎)。

做涂料用

2汤匙清透的蜂蜜、
2汤匙全麦芥末、
1个柠檬的果皮。

1. 在每个鸡腿上切两三刀,然后放到一个大碗里。将番茄酱、橄榄油、橘汁、醋、牛至、胡椒粉和蒜放到一个碗里做腌制汁。把腌汁在鸡腿上涂匀,在冷藏箱里放置20分钟。

2. 从腌汁中取出鸡腿,用篝火或炭火烤15分钟,中间翻一次。

3. 把蜂蜜、芥末和柠檬果皮混在一起做涂料,刷在鸡腿上。

4. 再烤10~15分钟,经常翻动,直到烤熟。要检验是不是做熟了,可以插进一把刀——应该是没有血水了,肉也不再是粉红色才行。

炭或篝火余烬已经变白的时候才可以开始烧烤。

烤羊肉串

羊肉串要快烤，这样肉才鲜嫩。

4人份。

烹饪时间 **8分钟**。

2汤匙香菜末、

4瓣蒜（剁碎）或者1茶匙蒜泥、

7汤匙橄榄油、

2茶匙清透的蜂蜜、

1茶匙磨碎的柠檬皮、

盐和胡椒粉、

1公斤（2.25磅）羊肉（切块）。

做醋油沙司用

2汤匙红酒醋、

6汤匙剁碎的香菜叶子、

5个熟透的西红柿（切开）。

1. 把香菜末放到碗里，搅拌进一半的蒜，再加上3汤匙橄榄油、一半的蜜和柠檬皮，根据口味加胡椒粉。把做出来的汁涂在羊肉上，在碗里浸泡，然后在冷藏箱中放置20分钟。

2. 做醋油沙司。用叉子把剩下的油、醋和新鲜香菜在碗里打碎搅匀，放进西红柿搅拌，搁置在一边。

3. 把肉从腌制汁中取出，串在涂上油的金属签子上，加盐，放进烧烤架内在炭火或余火上烤8分钟，直至羊肉变黄，与西红柿醋油沙司一起上桌。

牛肉三明治

这个三明治可以简单地用牛排和沙拉来做,或者加上奶酪、山葵和腌制小茴香,味道更加吸引人。

4人份。

烹饪时间 **4分钟**。

4个硬皮白面包卷或小的法式长面包(分成两半)、

4块牛臀肉或牛里脊(每块约140克)、

2汤匙油、

盐和胡椒粉、

2茶匙奶油山葵(可选)、

115克奶油干酪(可选)、

115克蓝奶酪(如斯第尔顿干酪或者羊乳干酪,压碎,可选)、

4片生菜叶、

2个西红柿(切片)、

1汤匙芥末、

1个洋葱(切成细细的圈)、

8片腌制小茴香(可选)。

1. 把面包片放到铸铁脊烤锅里或烤架内,一批一批小火慢慢烤,烤完后从锅(或烤架)内拿出来放在一边。

2. 把牛肉涂上油,根据口味放盐和胡椒粉,每面在烤锅或烤架中烤3~4分钟。

3. 同时,把奶油山葵、奶油干酪和蓝奶酪混合在一起,涂在面包烤过的那一面,把生菜叶和西红柿片放到另一面。

4. 牛肉烤熟后按照面包的份数均分,并在每份上加点芥末,上面再放洋葱圈和腌菜。重新盖上盖子上桌。

酸橙生姜蜂蜜烤牛肉串

炭火或篝火最适合烤肉串

4人份。
烹饪时间 **20分钟**。

5厘米鲜姜（去皮，磨碎）、

1个酸橙（榨汁）、

1汤匙清酱油、

1汤匙蜂蜜、

1汤匙橄榄油、

3根大葱（随意切）、

500克菲力牛排或牛里脊肉（切成2.5厘米见方的小块）、

16个圣女果、

盐和胡椒粉。

1. 把姜、酸橙汁、酱油、蜂蜜、橄榄油和葱放到碗里调成汁，加进牛肉块，在预冷过的冷藏箱里放置20分钟。

2. 把肉穿在涂了油的金属签上。每个签子上穿两个圣女果。把肉串放进烧烤架（如果有的话），在炭火或篝火上快速烧烤。

3. 每面烤2~4分钟，或直至外面变色但里面依然是粉红色。

如果没有牛肉，用羊排肉照样能烤出美味。

外带美食

如果是开车前往目的地,考虑一下在家做一个炖菜、砂锅或者营养美味汤带去,这样至少第一顿野营餐有了着落,到了露营地只需重新加热就可以了。

记住在路上食物一定要冷藏 如果出发前冷冻了,重新加热之前一定要完全解冻。重新加热时要将食物热开,慢炖至少10分钟再上桌。

甜点(如,苹果松饼、烤饼或香蕉面包) 都非常适合提前做好带上,野餐时或晚上当布丁来吃。

营养豆汤

这道汤里有意面、鹰嘴豆和蔬菜,可谓色香味俱全。

4人份。
烹饪时间 **40分钟**。
重新加热时间 **8分钟**。

2汤匙橄榄油、

2根芹菜(切碎)、

2个胡萝卜(切碎)、

1个洋葱(切碎)、

400克(14盎司)白色鹰嘴豆罐头(沥干)、

400克(14盎司)切碎的西红柿罐头、

750毫升(1.25品脱)鸡肉或蔬菜浓汤宝、

盐和胡椒粉、

60克(2盎司)切得很短的小块意面、

4汤匙西芹叶子(切碎)、

40克(1.5盎司)意大利干酪(磨碎)。

1. 将油倒在大平底锅里,中火加热。加上芹菜、胡萝卜和洋葱一起炒5分钟或直至变软,不时翻动。加进沥干的鹰嘴豆、带汁的西红柿和浓汤宝继续翻炒,加盐和胡椒粉调味。烧开,翻炒,然后盖上盖子,小火炖20分钟。

2. 加上意面,小火再炖10~12分钟,或者直到面熟。

3. 在野营地重新加热的时候,先烧开,再小火炖5分钟。加进西芹和一半干酪搅拌,根据咸淡再加调料。热着上桌,撒上剩下的干酪。

砂锅焖羊肉

一道完全一锅出的菜,做好后可先冷藏或冷冻,然后加热吃。

4人份。

烹饪时间 **1小时15分钟**,
重新加热时间 **18分钟**。

15克(1/2盎司)黄油、

1汤匙橄榄油、

900克(2磅)羊中颈肉(切成片)、

2个小洋葱头(切成4半)、

1汤匙白面、

400毫升(14液体盎司)羊肉或牛肉浓汤宝、

2汤匙番茄泥、

1个香料包、

盐和胡椒粉、

300克(10盎司)新鲜的小土豆、

300克(10盎司)整个的小胡萝卜、

300克(10盎司)嫩甘蓝、

175克(6盎司)四季豆。

1. 在一口可明火加热的大砂锅中将黄油融化,加进羊肉翻炒,直至四面都变黄。加上洋葱,小火炒5分钟,要经常翻动。

2. 把面粉撒在肉上,搅动2分钟,或直至四面都均匀地涂上面粉。加进浓汤宝搅拌,再加番茄泥和香草包,加盐和胡椒粉调味。烧开,然后盖盖,小火焖45分钟。

3. 加上土豆、胡萝卜和甘蓝。盖上盖子再焖15分钟。

4. 在露营地重新加热的时候,先烧开,然后加上四季豆搅匀,盖盖,小火加热10~15分钟,或者直到蔬菜变软。配法式面包吃,用面包蘸菜汁。

匈牙利菜炖肉

这道菜味道浓郁、暖人心脾,可以拌任何一种意大利干面吃。

4人份。
烹饪时间 **2小时**。
重新加热时间 **20分钟**。

4汤匙油、

900克(2磅)适合炖的牛肉(切成2.5厘米(1英寸)见方的小块)、

2个大洋葱(切成细条)、

2瓣蒜(切碎)、

2个红彩椒(去籽、切好)、

1汤匙辣椒粉(另需要些撒上做装饰用)、

400克(14盎司)剁碎的番茄罐头、

2汤匙番茄泥、

1汤匙面粉、

300毫升(10液态盎司)牛肉浓汤、

1茶匙新鲜百里香(剁碎)、

盐和胡椒粉、

150毫升(5液体盎司)酸奶油。

1. 将烤箱预热至160℃(325℉/Gas 3级)

2. 在大平底煎锅中倒一半的油,把肉分批加热至变黄,然后盛到一个大砂锅里。

3. 将剩下的油倒进锅内,把火拧小,煎洋葱、蒜和彩椒,直至变软。搅进辣椒粉,翻炒1分钟,然后加上西红柿和蒜泥。在面里加一点牛肉浓汤,搅匀,然后跟剩下的牛肉汤一起倒进煎锅里,烧开,经常搅动。加上百里香、盐和胡椒粉,然后把汁倒进砂锅。

4. 盖紧盖子,在烤箱里烤2小时或直至牛肉变软。

5. 在野营地重新加热时,小火热20分钟。每份匈牙利菜肉上面可以放几勺酸奶油,再撒些辣椒粉。

香蕉面包

在密闭的容器里这种松软的蛋糕可以保存一星期。

4人份。

烹饪时间 **1小时15分钟**.

250克（9盎司）自发粉、

半茶匙泡打粉、

85克（3盎司）黄油（还需要些做润滑用）、

150克（5.5盎司）浅色红糖、

3个熟香蕉、

100毫升（3.5液态盎司）原味酸奶、

2个鸡蛋、

85克（3盎司）核桃（切碎，可选）。

1. 将烤箱预热至180℃（350℉/Gas 4级）。将面粉和苏打粉一起轻轻筛进一个大碗中，揉进黄油直到混合物呈面包屑状，然后加红糖搅拌。

2. 用叉子把香蕉打碎，然后同酸奶、鸡蛋和核桃（如果用的话）一起加到面粉中，用木勺打匀。将混合物用勺子舀进涂上油的带波纹的烤模中，把顶部抹平，让中间稍微凹陷。

3. 在烤箱中烤60~75分钟，或者直到插一根签子在中间，签子拔出时不带出任何东西为止。在烤模中冷却5分钟，然后倒出来在架子上完全放凉。

苹果松饼

自制的早餐上品

数量 **12个**。
烹饪时间 **25分钟**。

1个绿苹果（去皮，切碎）、

2茶匙柠檬汁、

115克（4盎司）浅色红糖（另准备一些用来撒在做好的松饼表面）、

200克（7盎司）普通面粉、

85克（3盎司）全麦面粉、

4茶匙泡打粉、

1汤匙磨碎的混合调料、

半茶匙盐、

60克（2盎司）美洲山核桃（剁碎，可选）、

250毫升（8液态盎司）牛奶、

4汤匙葵花籽油、

1个鸡蛋（打匀）。

1. 将烤箱预热至200℃（400℉/Gas 6级）。在12孔的美式松饼烤模里放上纸托，搁置在一边。把苹果放进碗里，加上柠檬汁，摇匀。加上4汤匙糖，搁置5分钟。

2. 同时，把普通面粉、全麦粉、泡打粉、混合调料和盐筛进一个大碗中，把筛子里剩下的东西也倒进去。把剩下的糖和美洲山核桃（如果用的话）放进去搅拌，在这些干料中间留个孔。

3. 把牛奶、油和鸡蛋放在一起打匀，然后加上苹果。把湿料倒进干料的中央，轻轻混合，直至变成多块的面糊。

4. 把混合物用勺子舀进纸托，每个装3/4左右。烤20~25分钟，或直到顶部凝固变黄。冷却，再撒点糖。放在密闭的容器中保存。

烤饼

烤饼简单易做，只需要几种常用的原料。

数量 **16~20块**。
烹饪时间 **40分钟**。
225克（8盎司）黄油（另备些做润滑用）、
225克（8盎司）浅色软红糖、
2汤匙糖浆、
350克（12盎司）燕麦片。

1. 把烤箱预热至150℃（300℉/Gas 2级）。将方形蛋糕烤模轻轻涂上油。

2. 把黄油、糖和糖浆放到深平底锅里用中小火加热直至黄油变软。把锅从火上拿下来，加进燕麦搅拌。

3. 将混合物倒进烤模，用力按压。烤40分钟，或直至饼呈金黄色，边缘开始变焦。

4. 冷却10分钟，切成16个方块或20个长条。在烤模里放到完全冷却，然后放置在密闭的容器里。

尾声——期待下一次

下一次宿营成功与否,首先取决于你如何结束本次宿营。尽管把所有东西攒成一团扔在脑后是最简单的结束方法,但如果你想为下一次宿营节省时间和精力,就应该认认真真地整理装备,检查磨损、开裂,清洗脏污,然后把它们按照最方便下一次使用的方式好好地储存起来。帐篷在收纳之前应该晾干——不过这不是问题,反正回家后总还是要再次晾晒的。

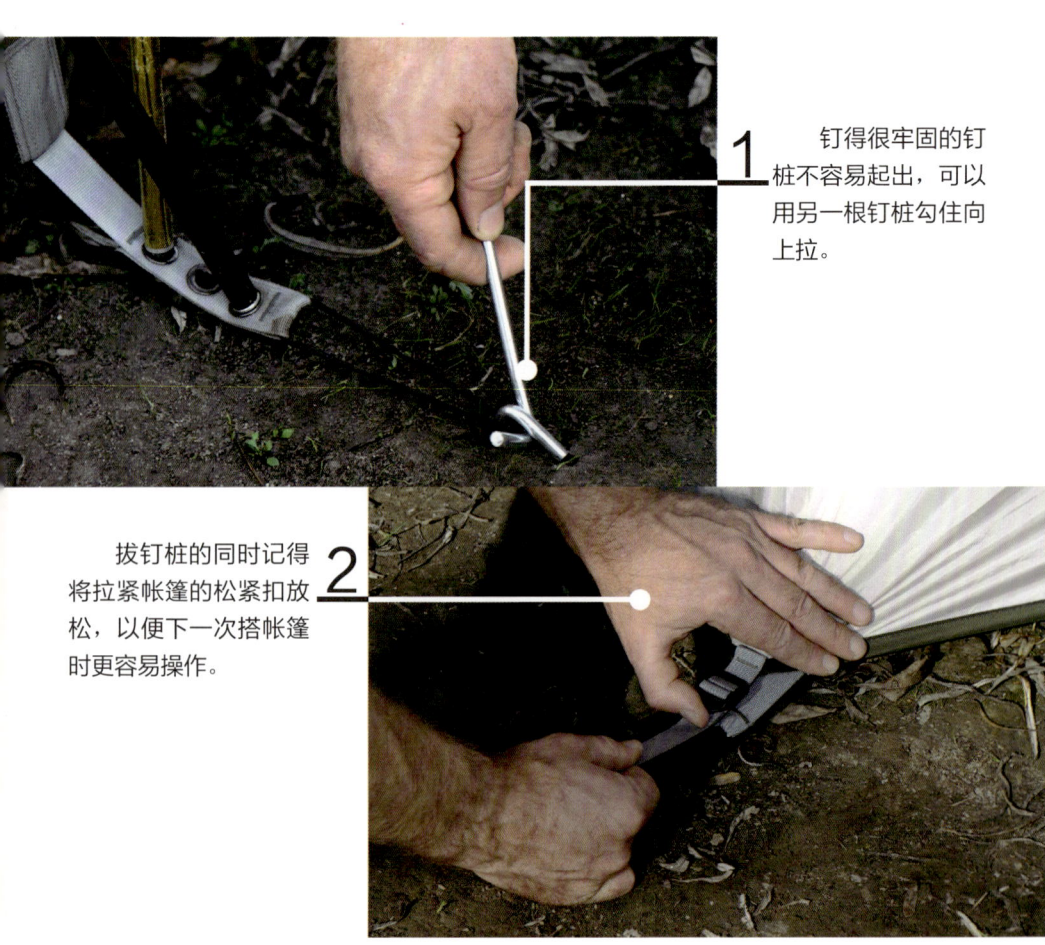

1 钉得很牢固的钉桩不容易起出,可以用另一根钉桩勾住向上拉。

2 拔钉桩的同时记得将拉紧帐篷的松紧扣放松,以便下一次搭帐篷时更容易操作。

支索要仔细折叠放好，免得存放时缠绕在一起。**3**

4 不要试图把支撑杆从帆布套里拽出来，那样只会使支撑杆在布套里断开，增加拆卸的难度。应该向另一边推，把支撑杆一节节推出去。

不必把帐篷捆扎得太紧，因为回家后还要再打开晾晒，只要能够塞进帐篷袋里即可。**5**

野餐菜谱 **187**

参考资源

英国及爱尔兰

阿兰·罗杰斯网站（Alan Rogers）。提供欧洲各大露营地的预订服务。——www.alanrogers.com

布莱克（Black）连锁店。英国各大城市均可找到——www.blacks.co.uk

露营及房车爱好者俱乐部。拥有月刊，提供世界各地超过4000处露营地的介绍与建议。——www.campingandcaravanningclub.co.uk

国际露营者。一个提供与英格兰东南部及世界各地帐篷专家交流的网站。——www.campingintl.com

露营杂志。提供实用信息及装备评测报告。——www.outandaboutlive.co.uk

轻舟野营俱乐部。一个把划船同野营的乐趣结合起来的组织。——www.canoecampingclub.co.uk

科茨沃尔德户外。见189页最后。

国家公园委员会（Council for National Parks）。一个宣传保护英国国家公园体系的组织。——www.cnp.org.uk

英国露营（Go Camping UK）。提供帐篷及露营服务。——www.gocampinguk.co.uk

爱尔兰户外（Go Outdoor Ireland）。提供露营及户外装备全球邮购。——www.gooutdoorireland.com

户外装备连锁店（Go Outdoors）。在英国各地都有分店，也提供网购服务——www.gooutdoors.co.uk

兰开夏体育用品维修。提供户外装备的维修和改装。——www.lsr.gb.com

LPM Bohemia，出售各种高级圆顶帐篷（蒙古包）。——www.lpmbohemia.com

登山屋管理协会。管理维护英国偏僻无人地区供路过者休憩的简易屋（大部分在苏格兰境内）。——www.mountainbothies.org.uk

Outdoorgear UK.出售帐篷、睡袋、背包及其他户外用品，种类很丰富。——www.outdoorgear.co.uk

英国徒步者联合会。一个在英国推广徒步旅行的组织。——www.ramblers.org.uk

Scottish Camping。介绍苏格兰境内的露营胜地。——www.scottishcamping.com

Scottish Mountain Gear.销售、修理帐篷及其他户外用织物。——www.scottishmountaingear.com

Snow+Rock.出售各种登山、滑雪、露营装备。——www.snowandrock.com

《户外》月刊（The Great Ourdoors）。——www.tgomagazine.co.uk

Tiso.苏格兰的一个户外用品网站，既有高端专业用品，也有各种打折家用装备。——www.tiso.com

Tent 2 Hire.提供英国境内帐篷租赁业务。——www.tent2hire.co.uk

Trek Hire UK.萨里郡一家公司，出租各种户外服装和设备。——www.trek-hire.co.uk

翠林谷宿营地。一个典型的奢华风格宿营地。——www.trellyn.co.uk

www.ukcampsite.co.uk.介绍英国境内的户外宿营地。

英国国家公园官方网站。提供关于野外宿营的各种介绍与指南。——www.nationalparks.gov.uk

野外宿营指南。——www.moutaineering-scotland.org

www.wildday.co.uk.出售野外厨房用具、帐篷及其他用品（面向英国及爱尔兰）。

YHA国际青年旅社。——www.yha.org.uk

澳大利亚及新西兰

Activate Outdoors.悉尼的一家户外用品店，也向周边地区提供网购服务。——www.activateoutdoors.com.au

绿色海岸。奥克兰的一家户外用品店。——www.greencoast.co.nz

Kathmandu.连锁店，在新西兰、澳大利亚及英国都有分店，并提供网购服务。——www.kathmandu.co.nz

Paddy Pallin.澳大利亚的一家连锁店，提供网购服务。——www.paddypallin.com.au

Outdoors.com.au.出售帐篷、背包等器材，在墨尔本有实体店。——www.outdoors.com.au.

Oztrail.在线帐篷销售。——www.oztrail.com.au

NZ Campsite.出租户外装备（包括厨房用具）。——www.nzcampsite.co.nz

Snowgum.网店及连锁店，澳大利亚和新西兰都有分店。——www.snowgum.com.au

Summit Gear.网购各种户外装备，也可造访其位于新南威尔士的连锁店。——www.summitgear.com.au

美国

美国国家公园官方网站。介绍国家公园中的露营地。——www.nps.gov

赛拉俱乐部。提供户外活动指南，并积极组织各种环保活动。——www.sierraclub.org

《背包族》（Backpacker）。专门介绍野外露营地的杂志。——www.backpacker.com

Camping.com.关于户外露营地的网络杂志。——www.Camping.com

家庭露营指南（www.familycamping-gear.com）。专门为第一次外出露营的家庭介绍野外宿营地的知识和信息。

科茨沃尔德户外（Cotswold Outdoor）

英国最大的户外服装和装备商店之一，从帐篷、厨房用具到各种小物品无所不包。作为一个户外业界的大腕，科茨沃尔德在英国各地拥有超过30家分店。其网站曾得过大奖，网购平台非常迅捷，可以按品牌或种类查找想要的商品。网购服务范围包括北美、欧洲和大洋洲。——www.cotswoldoutdoor.com.电话0870 442 7755。

鸣谢

埃德和凯特·道格拉斯（Ed and Kate Douglas）对编辑Claire Tennant-Scull以及DK的设计师Will Hicks、Dawn Henderson和Mary-Clare Jerram表示感谢。他们使得这本书的写作过程非常愉快。他们还希望感谢自己的孩子，Rosa和Joe。这些年来他们一直在迁就父母的意愿，参加了一次又一次的野营旅行。他们使得父母有机会重回自然，看到这个世界的本真。

苏·休斯（Sue Hughes）希望对野营旅行中的另一位大厨Angie McKenna表示感谢，感谢她的热情帮助和对这本书做出的贡献。

DK出版社希望感谢Caroline Fanshawe和苏·休斯，是她们建议撰写这么一本书；感谢来自Cotswold Outdoor的Tarik Mirza和Matt Farrar。他们对整个项目一直提供着热情的帮助；感谢来自LPM Bohemi-The Tent Co Ltd的John慷慨地提供图片一张；感谢Debajyoti Datta提供图解；Nicky Collings提供艺术指导；Simon Murrell提供设计；Annie Nicholls提供食物造型；Hilary Bird提供索引。

使用图片致谢：出版社对以下机构慷慨提供图片表示深深感谢：

（a代表上面，b代表下面，c代表中间，l代表左边，r代表右边，t代表顶部）。

第2页：Axiom Photographic Agency：Ian Cumming。第4~5页：Getty Images：Michael Deyoung。第6页：Photolibrary：Ken Gillham（br）。第8~9页：Corbis：Solus-Veer。第14页：Getty Images：Peter Hannert。第22页：Robert Harding Picture Library：Walter Rawlings。第24页：Getty Images：Jim Dyson。 第26页：Getty Images：Dennis Drenner。第28页：Getty Images：Lars Schneider。第33页：iStockphoto.com：Jill Lang。第48页：Courtesy Coleman / Campingaz：(bl)。第48~49页：Courtesy Coleman / Campingaz：(c)。第56页：Photolibrary：Fancy（br）；Food Collection（tl）；Michael J. Hippie（bl）；IPS Photo Index（tr）。第62页：DK Images：Julian Baker。第84页：Alamy Images：Bon Appetit。第90~91页：Photolibrary：Ken Gillham。第92页：Photolibrary：Per Klaesson。第96页：Photolibrary: Monkey Business Images Ltd。第113页：Getty Images：Justin Bailie。第114页：Alamy Images：Eddie Gerald（r）；imagebroker（l）；A.T. Willett（c）。第115页：Alamy Images：Phil Degginger（tl）；Jim Henderson（tr）（br）；Steve Shuey（bl）。第116页：Till Credner, Allthesky.com。第119页：Till Credner, Allthesky.com。第122页：Photolibrary：Hans-Peter Merten / Mauritius。第124页：Photolibrary：Banana Stock。第136页：Getty Images：Michael Jungblut。

其他所有图片© Dorling Kindersley。更多信息请参阅www.dkimages.com

英国皇家海军陆战队
授权绝境求生指南

任何紧急情况下、针对所有年龄段
伤病者的全面急救指南

解决所有户外生存难题

简单易懂、逐步示范的图片可以使你轻松学会 100 多种绳结的打法

向海而生的自由与浪漫

解决所有野营难题